Reiki Mahaananda

La influencia de la consciencia tangible

F.Lepine Publishing

ISBN 978-1-926659-42-8

Copyright © Cori Leach / SukhiDevi 2017

Dedicatoria y Agradecimientos

Dedico este libro con amor y gratitud a Sigung Hasting Albo y a MahaVajra por las bendiciones de sus enseñanzas, guía y apoyo; y también en amorosa memoria a Simon Lacouline, quien transformó mis bosquejos en el logotipo del Reiki Mahaananda y quien continúa inspirándome.

Gratitud a mis editores, la Maestra Profesora de Reiki Mahaananda Richela Chapman y Melissa Bird, a mi modelo de manos la Maestra Profesora de Reiki Mahaananda Rachel Heller, a mi fotógrafa Leah Wayne y a la editora de fotografía Xenia Besora Sala, a Laura Mariana Ávila por el arte de la cubierta y a Diana Pérez del Río por la traducción al español. A mis amigos y estudiantes, que me motivan y me ayudan de tantas formas, gracias.

Índice

INTRODUCCIÓN 7

REIKI MAHAANANDA NIVEL I

TÉCNICAS ESPIRITUALES NIVEL I 13
- Técnicas de meditación 15
- Integración emocional 17
- Las 21 máscaras del ego 20
- Meditación japa 28
- Mantras sencillos de gran poder 32
- Los Cinco Elementos de la Creación 37

REIKI NIVEL I 43
- Introducción al Reiki 44
- Energía y el sistema de chakras 50
- Iniciación y linaje 56
- Evaluación y tratamiento 64
- Posiciones de las manos y tratamiento 69
- Cómo utilizar las técnicas espirituales para ti mismo al dar terapia 83
- Los cinco preceptos 84

REIKI MAHAANANDA NIVEL II

TÉCNICAS ESPIRITUALES NIVEL II 87
- Los dos primeros Siddhis 88
- Transmigración 91
- El Alma Serena 96
- Los Mantras de Bienestar 97
- Empoderamiento de símbolos esotéricos 104
- Chakras, alma y evolución 118

REIKI NIVEL II 119
- Acerca del Reiki Nivel II 121
- Los símbolos de reiki 121
- Cómo dar un tratamiento de reiki utilizando símbolos y mantras 132
- Las asociaciones físicas y emocionales/experienciales de los Chakras 139
- Infundiendo objetos inanimados con reiki 146
- Técnicas adicionales 148

REIKI MAHAANANDA NIVEL DE MAESTRÍA

TÉCNICAS ESPIRITUALES DEL NIVEL DE MAESTRÍA 155
- KamaChakra 157
- La Mirada Irrompible 161
- Consciencia divina y universal del Chakra 166
- Mantra Mahaananda 168
- El estado de ser del Vajra 169
- Maestría sobre la Compasión 173
- El Mantra Favorable 176
- Madre Divina / VishwaShakti 177
- Consciencia de Usui Sensei 178

REIKI NIVEL DE MAESTRÍA 179
- Cuarto Símbolo de Reiki—Dai Ko Myo 181
- Técnicas adicionales 182

CONCLUSIÓN 185

REFERENCIAS 186

Introducción

El objetivo del Reiki Mahaananda

Creé el Reiki Mahaananda como una guía para inspirar a reikistas de todos los niveles a mejorar su poder transformador al incorporar técnicas espirituales efectivas. Las secciones sobre Reiki llevan al principiante paso a paso a experimentar la energía y entender el linaje, la iniciación, las posiciones de manos, los símbolos y las técnicas de Reiki. Tanto principiantes como maestros pueden aprovechar las secciones sobre Técnicas Espirituales como educación continua para aumentar su sensibilidad a la naturaleza tanto tangible como intangible del mundo; para luego encarnar el poder espiritual disponible y así influir sobre esa naturaleza.

El Reiki Mahaananda frente al Reiki Tradicional

¿Qué distingue al Reiki Mahaananda de los estilos tradicionales de Reiki?

Percepción de la Esencia Transformadora: La tradición Mahaananda reconoce la esencia transformadora del Reiki tanto como consciencia así como energía física; son lo mismo, ya que el Chi es consciencia tangible. Nuestro estado de ser, la resonancia de los símbolos y nuestra propia consciencia afectan al estado de ser del otro.

Técnica de terapia: Tradicionalmente, la terapia de Reiki no involucra al terapeuta más allá de ponernos en la actitud apropiada e intuitivamente afectar a los chakras con nuestras manos, pero principalmente somos un simple conducto compasivo de energía de fuerza vital universal. En el Reiki Mahaananda, también incorporamos la transformación desde el nivel del alma, afectando intencionadamente la consciencia de nuestro cliente con nuestra propia consciencia. Transmigramos al otro, conscientes de ser Uno, y añadimos oraciones en la forma de mantras sánscritos.

Chakras: El entrenamiento en el Reiki tradicional se centra en las posiciones de las manos sin profundizar en la consciencia de los chakras. El Reiki Mahaananda comprende la consciencia del Chakra como un componente integral de la terapia.

Experiencia espiritual: Prácticamente todos los linajes de Reiki incluyen algún nivel de experiencia espiritual para la certificación de la maestría. En *todos* los niveles de Reiki Mahaananda el entrenamiento en la purificación del ego y en estados del ser es esencial para la práctica ya que aporta mayor consciencia y entendimiento del sufrimiento. El Reiki Mahaananda también incluye entrenamiento en técnicas de mago esotérico para potenciar aún más los símbolos de Reiki.

Como en otros estilos de reiki, el reikista de Mahaananda se esfuerza por no apegarse al resultado del tratamiento, dejando este en las manos de Dios, o del Karma.

Los niveles de Reiki Mahaananda

La sección Técnicas Espirituales Nivel I se concentra en tu crecimiento personal con meditación básica, utilizando mantras, entendiendo y purificando a nuestro amigo el ego, y con la consciencia de los componentes espirituales del mundo natural desde la perspectiva de los Cinco Elementos. Reiki Nivel I explica el reiki, los canales energéticos, los chakras, la iniciación al reiki, el linaje Mahaananda, cómo practicar el sentir energía y muestra posiciones básicas de las manos.

La sección Técnicas Espirituales Nivel II muestra cómo "ir a dentro" de tu cliente, enseña mantras para tipos específicos de terapia, explica cómo puedes super-cargar los símbolos de reiki utilizando una técnica esotérica japonesa, y explora los chakras desde el nivel del alma. Reiki Nivel II presenta los tres primeros símbolos de reiki y cómo utilizarlos para dar terapia en persona y a distancia y para cargar objetos inanimados con reiki, así como técnicas de reiki adicionales. Esta sección también incluye una guía práctica acerca de cómo incorporar los conceptos de consciencia de los niveles I y II a tus sesiones de terapia.

La sección Técnicas Espirituales Nivel III aborda cómo tener maestría sobre el deseo, cómo mejorar el enfoque y poder de tu atención, cómo experimentar la consciencia universal de los chakras, cómo conocerte a ti mismo como humano, alma y divino, la consciencia de la Verdad, cómo fomentar la actitud de un sirviente compasivo, cómo practicar la autocontención y cómo dar una bendición favorable para terminar tu sesión de terapia. Reiki Nivel III enseña el símbolo maestro y técnicas avanzadas.

Iniciaciones de Reiki Mahaananda

Escríbeme a sukhi@desertlotusreikiandmeditation.com o contacta a la organización ShaktiMa en info@shaktima.org si quieres información o iniciaciones en línea.

El logotipo de Mahaananda

(Puedes encontrar la versión a color del logo en www.desertlotusreikiandmeditation.com)

El logotipo de Mahaananda expresa la naturaleza espiritual del terapeuta y de las técnicas terapéuticas:

- el símbolo hindú Om en el centro representa la vibración del universo
- el loto de 8 pétalos es la rueda del dharma budista
- la cruz: como una cruz cristiana estilizada refleja el poder de la fe; como un doble vajra representa los cinco elementos y las cuatro direcciones: los cimientos del mundo físico. El doble vajra también es un símbolo de protección
- los kanji del Reiki Mahaananda encarnan los brazos de la cruz
    - 大 "Maha", que significa Gran
    - 福 "Ananda", que significa Bendición
    - 霊 "Rei", que significa Espiritual
    - 気 "Ki", que significa Naturaleza
- el tinte verde luminoso representa la compasión
- el brillo desde dentro del logo muestra la consciencia del terapeuta afectando al mundo

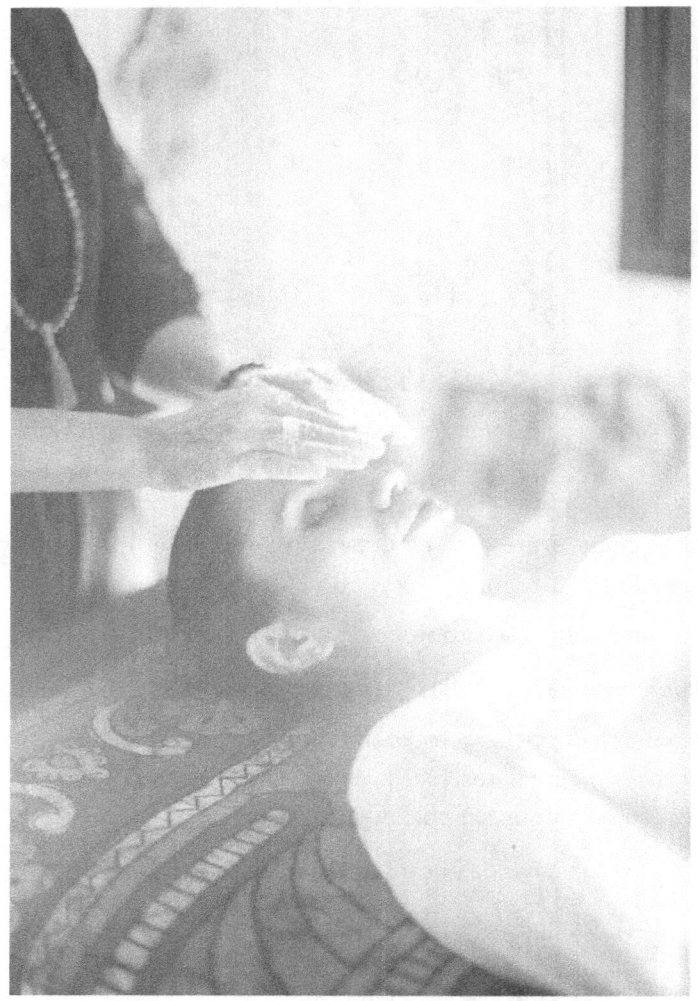

(Puedes encontrar la versión a color de esta foto en www.desertlotusreikiandmeditation.com)

Esta foto captura el resplandor sobrenatural del chakra del corazón. Fue tomada sin luz artificial, y la única fuente de luz natural era una ventana directamente detrás de la terapeuta reikista.

Reiki Mahaananda Nivel I

Técnicas Espirituales Nivel I

Técnicas de meditación

¿Qué es la meditación?

Mucha gente piensa que no puede meditar porque creen que significa sentarse sin ningún pensamiento, pero esa es la forma de meditación más difícil y avanzada. El secreto de la meditación no es *no* tener pensamientos, es estar en paz incluso cuando *hay* pensamientos.

Mi definición de meditación es prestar atención a algo para alterar mi estado de ser, o estado de consciencia. Puedes prestar atención a la sensación de tu respiración, a tus emociones, al significado de un mantra, a la naturalez, o a una variedad de cosas distintas. El objetivo es permitirle a tu consciencia espiritual que se anteponga a tu identidad humana por unos momentos. Los siguientes son pasos simples para la meditación más básica. Es más efectiva cuando se practica en un ambiente silencioso.

Cuatro pasos básicos de meditación:

1. Siéntate y respira, prestándole atención a tu respiración.
2. Préstate atención a ti mismo, dentro.
3. Calma y despeja tu mente. Cada vez que te des cuenta de que tu mente se ha desviado hacia pensamientos, tráela de vuelta suavemente y haz lo posible para no juzgarte.
4. Observa que estás consciente de ti mismo. Esto es Auto-consciencia, o Consciencia.

El primer paso es sentarse, relajarse y prestar atención dentro. La mayoría de nosotros no estamos acostumbrados a prestar atención a la misma cosa por más de unos pocos segundos. Si no hay cambio (si no parece haber movimiento, sonidos o variaciones), nuestra mente intentará prestar atención a otra cosa porque realmente le gusta ser estimulada. Cuando te des cuenta de que tu mente se está distrayendo, suavemente vuelve a traer tu atención hacia dentro. No es empujar activamente los pensamientos; es simplemente elegir manejar lo que observas. Además, es más fácil traer la mente de vuelta y mantenerla de vuelta si tienes una actitud desinteresada hacia tus pensamientos. Es como estar mirando el cielo azul y disfrutando de la riqueza del color y que unos pájaros vuelen en tu campo de visión: simplemente mantienes tu atención en el cielo. O si estás conduciendo en la lluvia, por supuesto, prestas más atención a la carretera a seguir que a los limpiaparabrisas.

En este punto puede que tengas un objetivo adicional en tu meditación, como la contemplación o sumergirte en estados de ser. Si quieres contemplar una filosofía espiritual para obtener un entendimiento más profundo y una posible revelación, revisa lo que quieres contemplar, haz los cuatro pasos básicos de meditación y simplemente *permite* que la información venga. Si piensas en ello activamente, tu mente intelectual puede filtrar o alterar la Verdad. Esta es una buena manera de contemplar la consciencia de los símbolos de reiki o del significado del VishwaChakra. Otra forma es repetir suave y lentamente un mantra (una frase para traer un estado de ser) junto con la contemplación. Utilizarás esta técnica cuando contemples los dos primeros Siddhis (consulta la sección sobre los Siddhis). Estos son ejemplos de meditación pasiva.

La meditación también puede ser de naturaleza más activa. Japa es un tipo de meditación en el cual utilizas un collar de oración llamado "mala" para contar mientras recitas mantras y observas (consulta la sección sobre Japa). Un ejemplo de esto sería meditar en los Cinco Elementos.

Trascender

A veces durante la meditación puede que "trasciendas"; parece como si te quedases dormido, pero tu experiencia espiritual simplemente está sobrepasando tu experiencia humana. No pierdes la consciencia, es más bien un despertar de tu consciencia.

Con práctica, gradualmente, serás capaz de permanecer consciente a la vez que vas a estados expandidos de consciencia. A esto se le conoce como trascendencia *consciente*. Estás firmemente afianzado en ambos mundos y aunque te sientas en la inopia o en otro mundo, eres capaz de llevar a cabo tareas simples como ir a dar un paseo o cocinar. Cuando regresas totalmente a tu estado normal, recordarás al menos parte de lo que sucedió espiritualmente durante esa experiencia trascendental.

La trascendencia consciente me recuerda a despertarse de golpe de un sueño profundo y levantarse para empezar el día: mi mente aún está absorta en las imágenes del sueño reciente mientras me hago el café.

Integración emocional

La integración emocional es una manera de hacernos responsables de nuestra propia felicidad. Es una meditación que te ayuda a aprender a salir del drama, a dejar de aferrarte a reacciones emocionales impulsivas que no se sienten bien. Y con la práctica regular, experimentarás respuestas conscientes a las experiencias de la vida, en vez de tener reacciones dramáticas en primer lugar.

Aquí va un ejemplo de drama interno obvio: vi una película el otro día sobre un joven que recibió una porción mucho más pequeña de la herencia familiar que sus hermanos. Se enfadó muchísimo, sintiéndose como una víctima, y odió a sus hermanos hasta el día en el que murió. ¿Cambió su vida de un día (el día antes de leer el testamento) al siguiente (el día después de leer el testamento)? No, todo fue igual excepto por su reacción a la destrucción de su expectativa.

A veces nuestro drama interno está escondido. Se nos enseña desde pequeños a reprimir nuestras emociones dolorosas con palabras como "aguántate" o "las niñas grandes no lloran". Así que embutimos nuestras emociones profundamente dentro de nosotros para que nadie las vea. Pero nadie nos dijo que les prestásemos atención más tarde. Esto es como esconder tus calcetines sucios y malolientes en un cajón donde, con el tiempo, el olor empeora y empeora. Muchos gurús de autoayuda te enseñan a centrarte en lo positivo y en hacer cosas que disfrutes. Esto funciona, pero es solo una distracción temporal y ese olor del calcetín escondido condiciona la manera en la que respondes a la vida de maneras tanto obvias como sutiles. Con esta técnica, te alejas de tus distracciones felices tan solo por un momento y sacas tus calcetines sucios del cajón y los hueles a propósito. Enfrentas el dolor de tus emociones para que puedas hacer una poderosa autosanación.

Aprender esta técnica cambió mi vida inmediatamente, así que la comparto con cualquier persona abierta a aprender. Mi primer maestro profesor de reiki, Sigung Hasting Albo (Sigung), perdió la vida como resultado de un accidente de coche en 2008. Él era mi maestro de artes marciales, mi maestro de reiki, un profesor espiritual para muchos y mi amigo – ¡quería mucho a este hombre maravilloso! Aún estaba llorando su muerte ocho meses más tarde cuando asistí a mi primer seminario con mi maestro espiritual actual, MahaVajra (Maha). Maha enseñó integración emocional, lo cual me permitió recordar a Sigung con felicidad y gratitud en vez de dolor y aflicción. Y lo hice con una sesión de 3 horas (como dice la letra pequeña en los anuncios, "estos resultados pueden no ser representativos"). La integración de otros asuntos me ha llevado mucho más. Resolver una ruptura de corazón por el final de una relación amorosa me llevó más de un año, pero la mayoría de las integraciones llevan menos tiempo (Puedes encontrar más acerca de Sigung y Maha en la sección sobre Linaje en este libro).

Esta meditación es un proceso de cuatro pasos:

1. RESPIRA (presta atención a tu cuerpo)

   Simplemente, respira. Presta atención a la sensación de tu cuerpo respirando; quizá a la sensación del aire moviéndose a través de tu nariz, o al subir y bajar de tu pecho.

2. HABITA. Presta atención dentro (presta atención a tus emociones)

   Hazte consciente de tu sufrimiento emocional, puede ser muy intenso o solo una leve distracción. Busca una sensación física incómoda o incluso dolorosa en la base de la garganta (chakra de la garganta), el centro del pecho (chakra del corazón) o entre la base de la caja torácica y el ombligo (chakra del plexo solar). Respira en la experiencia.

3. SIENTE (permítete sentir el dolor)

   Sé vulnerable y siéntate en el dolor, rindiéndote para sentirlo tan profundamente como puedas. Haz lo posible para no resistirlo, y para no distraerte de sentirlo. Permítete profundizar y tener ese berrinche interno, o sentir lástima por ti mismo. Es normal que tu mente quiera pensar en otra cosa, o que intente encontrar soluciones al problema, o incluso que intente convencerte de que es una tontería hacerlo. Pero esta meditación se trata de emociones, no de pensamientos. Así que cuando te des cuenta de que estás pensando, suavemente trae tu atención de vuelta a tus emociones y respira el dolor.

4. OBSERVA (sepárate de tu dolor)

   Tú no eres tus emociones, *observas* tus emociones. Observa la sensación física del sufrimiento en tu chakra de la garganta, del corazón o del plexo solar y respira. La parte de ti que observa no está en drama o sufrimiento, simplemente contempla en un estado de compasión. Estás simplemente observando lo que está dentro del cajón (esos calcetines malolientes), como ver una película o a una hormiga moviéndose por la acera.

Continúa respirando, sintiendo y observando. El drama (o dolor físico) de tu emoción empezará a disminuir y finalmente se disolverá. ESTÁS DISOLVIENDO RESISTENCIAS A EXPERIENCIAS QUE TRAEN EVOLUCIÓN (O A LA VOLUNTAD DE DIOS, O AL KARMA). A medida que avanzas en el proceso, puede que recuerdes otros eventos donde sentiste la misma emoción. Anótalos y luego trabaja en esas experiencias en otra ocasión.

Si después de 30 minutos más o menos tu sufrimiento no se ha disuelto, finaliza tu meditación y continúa con el paso de "felicidad". Trata de no desanimarte: para algunas experiencias intensas es como mover una montaña a cucharaditas.

¡Genera Felicidad! *(sin motivo)*

¡Termina tu meditación obligándote a ser feliz! Esta es pura felicidad que creas solamente porque quieres, no depende de experiencias externas. Imagina que todas las células de tu cuerpo se convierten en caritas sonrientes. Tu chakra del corazón, en medio de tu pecho, es una cara sonriente gigante. Todas tus células sanguíneas son caras sonrientes. ¡Son tan felices! Vibran, saltando de alegría. Fluyen a través de ti y hacia arriba y hacia fuera de tu chakra de la corona, creando una fuente de caras felices que se arremolina alrededor de tu cuerpo. ¡Oblígate a sonreír! ¡Ríete en voz alta! Pon tus brazos a tu alrededor y abrázate.

Seguimiento

<u>Integrando eventos pasados</u>. Más adelante, integra otros eventos que tengan la misma emoción asociada, los que hayas recordado durante la sesión actual. Aprendemos desde nuestros primeros momentos de vida a tener respuestas emocionales particulares a los eventos (lo que es normal en nuestra familia o cultura y lo que llama mucha atención hacia nosotros). A medida que integras todas tus emociones a través de eventos relacionados, rompes este condicionamiento. La próxima vez que un evento similar suceda, no asociarás tanto drama a él y no responderás de la misma manera.

<u>El poder de prestar atención</u>. Incluso si no eres capaz de hacer integración en el momento en el que sientes una reacción emocional, prestarle atención al interior durante todo el día (observación exhaustiva) es un hábito poderoso. Cada vez que te des cuenta de que no estás consciente de lo que está sucediendo dentro de ti, suavemente vuelve a traer tu atención. Yo mido el éxito espiritual de mis días según cuánto tiempo me lleva volver mi atención desde el evento exterior o "causa" de mi reacción emocional hacia adentro para poder seguir observando.

¡HACER LA TÉCNICA DE INTEGRACIÓN EMOCIONAL NO TE VA A CONVERTIR EN UN ROBOT CARENTE DE EMOCIONES! SIEMPRE VAS A SENTIR, PERO PUEDES *ELEGIR* SENTIRTE FELIZ Y *HACER QUE SUCEDA* AL INTEGRAR TUS EMOCIONES.

Las 21 máscaras del ego

Las 21 máscaras del ego son una herramienta para ayudarte a entender por qué estás en el dolor; que a su vez ayuda a que tu integración emocional sea más eficiente. Las máscaras juegan un papel en la felicidad y en el sufrimiento tanto tuyos como en los de los demás. Este resumen visual de las máscaras es una buena referencia rápida.

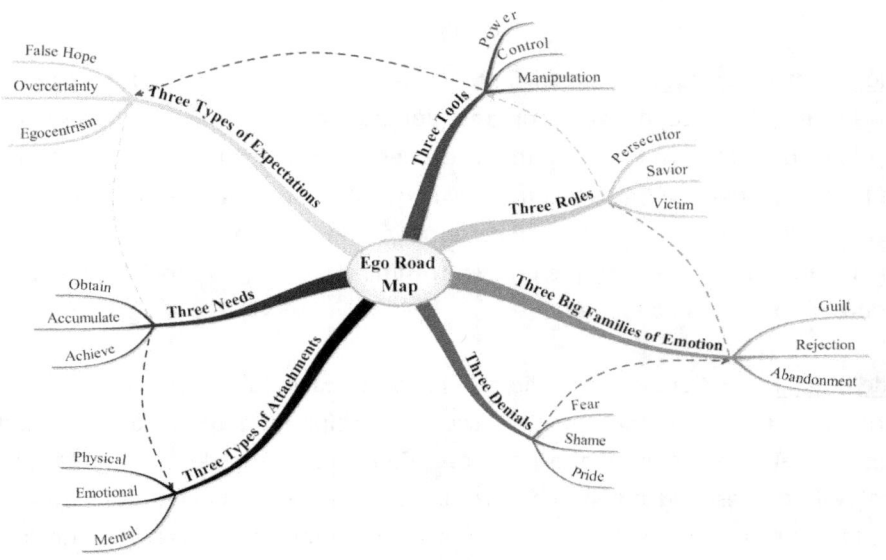

(Puedes encontrar la versión a color del Mapa del Ego en
www.desertlotusreikiandmeditation.com)

Estas emociones y comportamientos no son intrínsecamente "malos", a veces son la manera de la que cuidamos de nosotros mismos y de los demás. Cuando las emociones se relacionan con tus propios objetivos internos y no los proyectas fuera hacia los demás, suelen ser útiles para ti. Por ejemplo: el orgullo interno porque he mejorado de alguna manera por medio de logros es realmente agradable, pero si mi orgullo me lleva a jugar al perseguidor por medio de tratar con altanería a alguien que no consiguió ese objetivo, mi comportamiento causa sufrimiento.

Tu propósito en este estudio es intentar entender cómo las 21 máscaras juegan un papel en la felicidad y el sufrimiento tanto tuyos como en los de los demás. Recuerda: la felicidad es una elección que puedes hacer.

Las tres negaciones

Las negaciones de miedo, orgullo y vergüenza te previenen de estar consciente de ti mismo para que no puedas entender tus emociones.

<u>Miedo</u> es evasión, es una técnica para mantenerte a salvo. El miedo es un regalo dado por Dios para mantenernos físicamente vivos, dándote un miedo instintivo a caminar hacia el tráfico o a tocar fuego. Pero a veces cuando sientes miedo emocional, te impide aprovechar una oportunidad o hacer un cambio en ti mismo. Por ejemplo:

- No le pediste una cita a una chica guapa porque no querías experimentar el ser rechazado.
- No solicitaste ese trabajo porque tenías miedo de descubrir que no eras lo suficientemente bueno.

<u>Orgullo</u> es una mentira que protege tu imagen tanto para ti como para los demás, es la actitud de estar en lo correcto. Justificas tus errores. Finges que eres perfecto. Quieres sentirte importante, así que dices o haces cosas para competir o llamar la atención. Cuando este orgullo es muy intenso, no sentirse importante o no estar "en lo cierto" pueden generar auto-odio, llevando a la vergüenza. Por ejemplo:

- Tu jefe no te recordó que terminases ese proyecto.
- No mereces ser tratado de esa manera.

<u>Vergüenza</u> es no sentirse digno de amor, no te sientes "suficientemente bueno". La sociedad enseña lo que es bonito y valioso: algunas culturas encuentran la perfección en la delgadez, mientras que otras ven riqueza y abundancia en un cuerpo grande. Es normal compararse con esos estándares. Puede que prefieras pasar el tiempo solo, sin querer exponerte a la atención negativa de los juicios o a la posibilidad de que nadie ni siquiera se fije en ti. Algunos ejemplos de diálogo interno negativo de la vergüenza son:

- No soy lo suficientemente guapo.
- No soy lo suficientemente joven.
- No soy lo suficientemente inteligente.

Las tres emociones

Nuestras emociones se dividen en tres categorías principales: abandono, rechazo y culpa.

<u>Abandono</u> es cuando alguien no está disponible para ti: se fue, o nunca estuvo ahí, y te sientes muy solo. Puedes sentir abandono cuando algo o alguien se va, o cuando eres *tú* el que se va. Por ejemplo:

- Un profesor muere.
- Tu relación con un amante o con un amigo termina.
- Creces sin conocer a tu padre.
- Pierdes algo que necesitas o que valoras (dejas tu trabajo o tu coche ha sido robado).

<u>Rechazo</u> es cuando alguien o algo no te trata de una manera en la que te sientes amado: alguien podría amarte, pero no en la manera que *tú defines* como amor. Cuando te avergüenzas de ti mismo, eso es un auto-rechazo. Por ejemplo:

- Tu marido te regaló un aspirador en vez de rosas por tu aniversario.
- Alguien te cortó el paso conduciendo.
- Te sirvió un camarero maleducado.

<u>Culpa</u> depende de tu *percepción* de si los demás aprueban o no lo que hiciste (o no hiciste). Si hiciste lo "correcto" pero otros te juzgan, te sientes culpable. Si hiciste algo "incorrecto" pero otros te alaban, no te sientes culpable. Por ejemplo:

- En el instituto, obtuve el 100% en una prueba, lo cual sesgó la campana de Gauss para otros estudiantes, y ellos me culparon por sus bajas notas; me sentí culpable.
- Un miembro de una pandilla cometió un crimen como parte de su iniciación a la pandilla y sus compañeros hicieron una celebración en su honor; él no se sintió culpable.

Los tres roles

Los roles de perseguidor, salvador y víctima son comportamientos utilizados para calmar el sufrimiento sentido por las tres emociones.

El <u>perseguidor</u> aplica fuerza que hiere a los demás (sus víctimas), principalmente como un intento de calmar sus propios sentimientos de rechazo o auto-rechazo. Incluso los pensamientos de ira son una forma de persecución. Por ejemplo:

- Tu jefa fue inflexible con tu aprobación de vacaciones porque no le hiciste sentir respetada.
- Un abusón intenta hacer que otros le "respeten" para cubrir su propia falta de autoestima.

El <u>salvador</u> quiere ayudar a disminuir el sufrimiento de otros, pero también quiere recibir algo (amor) a cambio. La recompensa podría ser atención del exterior y/o un sentimiento interno de valía. Los salvadores con frecuencia ven a la gente a la que ayudan como "víctimas" de persecución que necesitan ser salvadas. A veces al salvador le duele tanto ver el dolor de otros que quiere arreglar la situación para calmar su *propio* dolor. (Consulta la exposición sobre el Sirviente compasivo en la sección de Nivel de Maestría). Ejemplos son:

- Sientes vergüenza cuando un cliente de reiki está decepcionado con los resultados de tu tratamiento.
- Sin habértelo pedido, hiciste reiki a distancia para la madre enferma de una amiga; más tarde se lo dijiste a tu amiga, en parte para recibir su gratitud.

La <u>víctima</u> se siente perseguida por alguien (o por la vida) y no se lo merece. Con frecuencia, se asegura de que alguien lo sepa para recibir atención y cuidados, y para confirmarle que está en lo "correcto". Las víctimas también pueden jugar el papel de perseguidores quejándose. A veces el salvador también se siente como una víctima. Por ejemplo:

- Una madre solitaria le cuenta a su amiga que su hijo adulto ya no la llama nunca.
- Una publicación de Facebook quejándose de los políticos a los que no les importa la gente es una declaración desde el punto de vista tanto de víctima como de perseguidor.
- Puede que escuches a un salvador quejándose "tengo mucha gente a la que cuidar, ¡estoy tan cansado!"

Las tres herramientas

Utilizamos poder, control y manipulación para aplicar fuerza con el fin de influenciar las acciones o actitudes de los demás, ya sea por razones egoístas o útiles.

<u>Poder</u> es un solo acto de expresión fuerte, puede sentirse violento en algún nivel. Por ejemplo:

- Un cliente descontento hace una escena pública e insiste en que el empleado sea despedido.
- Un padre le da a su hijo de 4 años una cachetada rápida para persuadirle de que deje de jugar en la calle.

Control significa aplicar fuerza continua de una manera sistematizada. El control puede ayudarte a permanecer consciente y responsable. Por ejemplo:

- Una mujer le niega el sexo a su novio cada vez que ve el partido con sus amigos en vez de llevarla a cenar.
- Una multa por pago tardío te ayuda a recordar pagar el alquiler a tiempo cada mes.

La manipulación aplica fuerza de una manera furtiva y sutil que a menudo tergiversa la verdad. La manipulación comúnmente invoca un sentido de falsa urgencia, culpa o expectativa en los demás. Por ejemplo:

- Le prestas tu coche a un amigo desesperado que lo necesita para ir a trabajar y poder mantener su trabajo (él no te dice que tiene otra oferta, pero que le gusta más tu coche).
- Un estudiante cerebrito sobresaliente escribe un trabajo de investigación solicitado por una chica bella y coqueta.
- Atraes a un amigo a su fiesta de cumpleaños sorpresa pidiéndole ayuda con un proyecto doméstico.

Las tres expectativas

Las expectativas de falsa esperanza, la sobre certeza y el egocentrismo están centrados en los resultados de circunstancias específicas: diferentes de las virtudes de Esperanza y Fe, las cuales expresan un sentimiento universal de que todo estará siempre bien.

La falsa esperanza es una fantasía, creyendo que algo imposible va a suceder. Por ejemplo:

- Tu creencia de que, si pierdes peso, todo en tu vida (tu vida amorosa, tu trabajo, tu salud...) será perfecto y finalmente serás feliz (sin trabajar en crecimiento personal).
- Cuando mis hijos tenían 5 o 6 años, sabían absolutamente que crecerían y se convertirían en Power Rangers. Por supuesto, esto no era posible, pero como parte de la fantasía ellos aprendieron a valorar el ser amable, ser valiente, trabajar en equipo y cuidar de los demás.

La sobre certeza no tiene dudas. Crees que tienes control total y que todo saldrá bien *sin que tú necesites ser prudente o sabio* (o que saldrá mal *incluso si eres prudente o sabio*). En la sobre certeza, das las cosas por hecho. Por ejemplo:

- Pasarás la clase sin estudiar para el examen final (o *no* pasarás el examen, no importa cuánto estudies).
- Tu amante nunca te va a dejar (o tu amante no se va a quedar).

El <u>egocentrismo</u> es avaricioso, pensando "¡es todo acerca de mí!". No nos importa el bienestar de los demás y no pensamos acerca del karma creado por nuestras acciones. Los niños son egocéntricos de manera natural, pero normalmente se hacen más compasivos a medida que crecen y experimentan las consecuencias de su comportamiento. Por ejemplo:

- Alguien en el supermercado con una cesta desbordante se apresura y empuja para ponerse en línea delante de otro comprador que solo tiene unos pocos artículos.
- El juego de la silla es un juego que celebra el egocentrismo.

Las tres necesidades

Las necesidades son las expresiones de recibir algo para ti mismo por medio de obtener, acumular o lograr. Si otros son felices y sus necesidades están satisfechas, es bueno satisfacer nuestras propias necesidades mientras practicamos el no-apego (consulta Los tres apegos más adelante).

<u>Obtener</u> significa adquirir algo que necesitas o deseas. Por lo general está relacionado con un objeto físico, como comprar comestibles o un par de zapatos. Podría causar sufrimiento si no eres prudente al priorizar tus compras, o si haces una compra para evitar sentir miedo a la inconformidad (el auto-rechazo que puedes imponer en ti mismo si no te sientes "a la moda"). Por ejemplo:

- Te acabas de comprar el último iPhone solo porque quieres encajar con tus amigos.
- Si compras un nuevo par de zapatos en vez de comprar comestibles, no habría cena para la familia.

<u>Acumular</u> es obtener más y más recursos cuando tienes suficiente. La acumulación causa sufrimiento cuando es impulsada por el sentimiento de insatisfacción más que por la satisfacción. Por ejemplo:

- Ahorrar para la jubilación es responsable y te hace feliz cuando tu estado de ser es la prudencia, pero no eres feliz si estás ahorrando por miedo.
- Tienes más pares de calzado de los que necesitas, ya que realmente solo usas unos cinco de ellos.

<u>Lograr</u> significa alcanzar un objetivo o meta. Causa sufrimiento cuando está motivado por el encaprichamiento o la competición celosa. Por ejemplo:

- Estabas buscando el sentimiento de logro cuando ganaste tu título universitario. Recibiste un estatus (competencia), y también habilidades útiles para un trabajo.
- Los escritores de libros de crecimiento personal escriben libros para ayudar a otros – también ganan reconocimiento para sí mismos.
- Practicar artes marciales te ayuda a ponerte en forma – y divertirte imitando a Jet Li. O podría utilizarse para convertirse en un abusón más poderoso.

Los tres apegos

Los tres tipos de apegos son físico, emocional y mental. Son gente, cosas o experiencias a las que les tienes cariño y verdaderamente quieres mantenerlas en tu vida. Duele cuando pierdes las cosas a las que estás apegado. Incluso cuando tienes a alguien en tus brazos, o algo en tus manos, puede que sufras al imaginar un tiempo futuro cuando ya no los tengas. La solución a este dolor es el no-apego, que significa disfrutar de algo cuando lo tienes, aceptando que todo es impermanente. Puedes ser responsable y hacer lo que necesita ser hecho para mantener los objetos de tu apego en tu vida, y a la vez estar dispuesto a dejar que se vayan.

Los <u>apegos físicos</u> están relacionados en su mayoría con las posesiones, y pueden surgir de la necesidad o del sentimentalismo. Por ejemplo:

- Tu casa, tu altar y tu coche son necesarios para tu bienestar (trabajas en estar desapegado de tu coche, pero aun así haces tus pagos del coche).
- Una querida amiga mía sufrió mucho cuando perdió su anillo de boda.

Los <u>apegos emocionales</u> se relacionan principalmente con las relaciones: con tu cónyuge o amante, tus hijos, tus amigos y compañeros de trabajo. Las relaciones ni siquiera tienen que ser con personas reales. Por ejemplo:

- Tu corazón puede romperse cuando tu amante te deja.
- Sufriste mucho cuando tus hijos adolescentes te odiaron durante sus "años hormonales".
- Lamentaste la cancelación de tu serie favorita de TV porque echas de menos a los personajes.

Los <u>apegos mentales</u> se relacionan principalmente con los logros y tu sentimiento de identidad (con qué y con quién te identificas), y están muy vinculados al orgullo: querer tener la razón o ser amados. Por ejemplo:

- Te sentiste avergonzado cuando suspendiste un examen en la escuela.
- Votaste directamente al partido democrático sin investigar a los candidatos o los problemas.
- Tu padre, normalmente de buen talante, apaga el televisor furioso cuando los Cowboys van perdiendo.

Estas máscaras del ego son simplemente expresiones de tu poderosa necesidad de sentirte amado. El objetivo de comprenderte a ti mismo con esta sabiduría no es el auto-juicio, sino el no-juicio; es aprender a ser felices.

Primero, hazte consciente de cuánto buscas el amor fuera de ti mismo y del auto-sufrimiento que te causas al hacer esto. Luego, obsérvate y perdónate. Entonces, finalmente, puedes liberar tus apegos a esa ilusión del amor del exterior y puedes buscar el amor *dentro*: la fuente de la felicidad verdadera e inquebrantable.

Meditación japa

Una manera poderosa de elevar la consciencia de un mantra dentro de ti ("cargar un mantra") es hacer japa. Japa se refiere a recitar un mantra, normalmente 108 veces, utilizando un mala (una cadena de cuentas) para saber cuántas recitaciones has hecho. Es una manera de contar sin prestar mucha atención al recuento para que puedas centrarte en la filosofía y la visualización de los mantras.

Esta consciencia ya está dentro de ti (estás hecho de ella) pero el proceso de carga aumenta tu consciencia de ella para que puedas utilizarla. A medida que la consciencia está más disponible, produce evolución personal de manera natural y puedes también utilizarla junto a tu terapia de reiki.

¿Qué es un mantra?

Un mantra es una palabra o una serie de palabras, como una oración, que te ayuda a sumergirte en una experiencia espiritual. Para vivir la consciencia de un mantra, contempla su significado mientras lo recitas. Puedes decir el mantra en voz alta, susurrarlo o pensarlo en silencio. Decir el mantra en alto trae la consciencia un poco más al cuerpo ya que eres afectado por la resonancia física del sonido expresado. Recita el mantra a la velocidad con la que te sientas cómodo. Sin embargo, si eliges una velocidad muy rápida, asegúrate de que pronuncias las palabras completamente y de que sean reconocibles para que resuenen bien en la consciencia.

Las enseñanzas del Reiki Mahaananda incluyen mantras en sánscrito en vez de mantras en español porque en sánscrito cada letra tiene su propio significado. Por lo tanto, cada palabra, además de su definición de diccionario, tiene muchas capas de vibración en consciencia y crea la influencia más poderosa en tu estado de ser. Te daré un ejemplo de este concepto con la palabra "deha". La definición del diccionario es "cuerpo", pero mirando a las letras, encontramos algo como "presencia de forma, y la expresión de esa sabiduría". Muy profundo y rico, ¿no? Además, si recitases los mantras en español, estarías utilizando palabras que dices cada día en una actitud común y no sagrada, lo cual haría más fácil que siguieses con tu experiencia humana normal y cotidiana en vez de hundirte en un estado de ser consciente, lo cual es tu objetivo. Y si utilizas sánscrito *solo cuando estás en una práctica sagrada*, en el momento en el que empieces a decir un mantra sánscrito, la mente se conecta al estado de ser profundamente consciente: el Ser.

¿Qué es un mala y cómo se utiliza?

El mala es una cadena de cuentas utilizada cuando se recitan mantras, u oraciones, similar a un rosario cristiano. El mala más común es un collar de 108 cuentas. Normalmente una cuenta más grande (conocida como bola gurú) conecta una borla al mala. Esta bola gurú representa a bindu, que es el punto de consciencia desde el que se origina el universo. Los malas también pueden estar hechos con menos cuentas, en forma de brazalete.

Material de la cuenta y tamaño

Las cuentas están hechas de semillas, madera, hueso o piedra. Las semillas (como rudraksha o loto) producen vida. La madera permite que la vida fluya, pero es más estructurada que las semillas. El hueso es más denso que la madera y también apoya la vida de una manera estructurada. La piedra no apoya la vida biológica: consiste en energía bruta y materiales de construcción fuertes. Por tanto: la semilla representa la fuerza de vida y es muy buena para terapeutas; la piedra representa estructura, construcción y fuerza y es excelente para cualquier tipo de trabajo de mago o práctica ritual; y madera y hueso están en el medio. El usuario común suele preferir la madera ya que representa tanto estructura como vida y es la menos costosa.

El tamaño de la cuenta se basa en tu preferencia personal. Dependiendo del tamaño de tus dedos, el tamaño de la cuenta puede influenciar qué tan fácil (o difícil) es pasar las cuentas. Las cuentas más pequeñas son menos notorias si llevas tu mala por debajo de la ropa. La bola gurú es normalmente un poco más grande que el resto de las cuentas del mala, o está desviada del resto de las cuentas (un poco hacia fuera del círculo de las cuentas): esto facilita que tus dedos sientan cuándo has completado 108 recitaciones del mantra.

La borla

La borla también ayuda a que tus dedos sientan cuándo has completado tus 108 recitaciones. Debido a que está conectada con la bola gurú (bindu), expresa "la energía que fluye de la consciencia". Al final de cada mala, toca la borla con el 3er ojo para mostrar tu intención de encarnar la consciencia.

Técnica del mala

Sostén el mala con ambas manos, creando un circulo flojo. Posiciona tus manos con las palmas hacia arriba, dejando que el mala descanse en el dedo anular o en el dedo corazón (los de en medio). Pon tu dedo pulgar derecho en la primera cuenta *después* de la bola gurú (la bola gurú estará más cerca de tu cuerpo). Gira las cuentas tirando del mala hacia ti con tu pulgar, una cuenta con cada recitación del mantra. No utilices tu dedo índice para girar las cuentas, ya que esto vaciará la carga que crea el objeto de poder (consulta más abajo). Esa primera cuenta después de la bola gurú será "1", y la bola gurú será el separador después de la 108ª cuenta. La bola gurú no se cuenta.

Directrices para cargar mantras – La fórmula de 9 x 12

"Hacer un mala" significa repetir un mantra 108 veces utilizando tu mala. La fórmula más comúnmente recomendada para cargar mantras es 9 malas al día durante 12 días consecutivos. Si no utilizas un mala, repite el mantra durante unos 35 o 45 minutos, dependiendo de la longitud del mantra o cómo de cómodo estés pronunciándolo. Si quieres hacer más de 9 malas al día, es mejor cargar varios mantras distintos. Haz los nueve malas de un mantra, y luego nueve malas del siguiente mantra (como 9 malas de paz, luego 9 malas de compasión). Si te saltas un día, procura hacer un mala en ese día para mantener la energía, y luego añade un día al final de los 12 días. Si te saltas dos o más días, empieza el proceso de nuevo porque perdiste ese nivel de consciencia más elevado creado por la práctica diaria.

Usando un mala como objeto de poder

Cuando estás haciendo japa, la consciencia del mantra impregna tu mala y lo transforma en un objeto de poder. Luego, cuando lo llevas puesto mientras haces terapia de reiki, eleva tu energía. Puedes observar evidencia tangible de que un mala cargado mantiene consciencia al mantener tus manos juntas en posición de oración con tu mala entre ellas; primero enrolla el mala en un bulto compacto para que se ajuste cómodamente entre tus manos. Puedes sentir una vibración sutil en el mala. Cuando enseño esta clase en persona, les ofrezco a mis alumnos que lo prueben con mi mala, y todos ellos han sentido la vibración.

Si por alguna razón obtienes un mala nuevo, querrás cargarlo con los mantras que ya cargaste en tu mala anterior. Por cada mantra que ya has cargado por completo, solo necesitas hacer el equivalente a un día de carga en el mala nuevo. Para un mantra que hayas cargado con la fórmula de 9 x 12, haz 9 malas de una sentada y el nuevo mala estará cargado.

Cuando quieres usar el poder para ti mismo, enrolla el mala varias veces y póntelo en tu muñeca izquierda. Si es para terapia, póntelo en tu muñeca derecha. La energía que fluya a través de tu mano resonará con la carga. Esta diferencia en el uso de la mano izquierda o derecha viene de la sabiduría de que el lado derecho del cuerpo es de naturaleza más Yang (dar o emanar hacia fuera) y el lado izquierdo es de naturaleza más Yin (recibir fluir hacia dentro). También puedes ponértelo alrededor del cuello para cualquiera de las dos finalidades.

Acerca de las enseñanzas de mantras que vienen a continuación

ॐ "Om". En las presentaciones de mantras que vienen a continuación, utilizo la definición muy simple de "sílaba universal"; Om *es* simple, pero también exquisitamente precioso e inmenso. Om fue la primera vibración en el mundo y representa la ubicuidad de Dios a través de cada posibilidad manifestada y potencial. Todas las oraciones sánscritas empiezan con "Om".

Encontrarás la pronunciación en la columna central de las explicaciones. Por ejemplo:

Palabra sánscrita	Pronunciación	Significado
Shanti	*"shan*ti"	Paz

Mantras sencillos de gran poder

Estos mantras conocidos son sencillos y también algunos de los mantras más poderosos que existen. Te devolverán a tu estado original, puro, planeado: pacífico, compasivo y poderoso.

La mejor manera de cargar cualquiera de estos mantras es con la fórmula de 9 x 12 mientras contemplas la enseñanza. Empieza cada sesión de meditación respirando, prestando atención dentro de ti, calmando tu mente y observando que estás consciente de ti mismo. Puedes cargar estos mantras en el orden que tú quieras, salvo por esta regla: carga el de Tres Soles solamente *después* de haber completado los 12 días tanto de Paz como de Compasión.

Recuerda contemplar el significado de cada mantra mientras lo recitas. Puedes decir el mantra en voz alta, susurrarlo o pensarlo en silencio. Decir el mantra en alto trae la consciencia un poco más al cuerpo ya que eres afectado por la resonancia física del sonido expresado.

El mantra de la Paz

Este mantra suave calma y aclara tu mente. El significado general es divina paz, paz, paz.

"Om Shanti Shanti Shanti"

Om	"om"	Sílaba universal
Shanti	"*shan*ti"	Paz

La paz es mucho más que estar en paz en medio de los retos de la vida, o la calma dentro de la tormenta. El concepto de paz es la *ausencia* de conflicto. Transforma tu percepción para que ya no percibas el drama; si dejas ir tus juicios, verás que nada está "mal": las cosas simplemente suceden. Contemplar Shanti trae armonía con la vida.

Visualiza un cielo azul claro mientras recitas este mantra. Intenta hacer un mala de paz antes de cada una de tus otras prácticas de meditación para "entrar en la zona" (excepto antes de prácticas que te den mucho sueño).

El mantra de la Compasión

Este mantra calma tu corazón emocional. El significado general es joya divina de consciencia, o es precioso ser consciente de lo que experimentas dentro de ti.

"Om Mani Padme Hum"

Om	"om"	Sílaba universal
Mani	"*mani*"	Joya, preciosa y bella
Padme	"*pad*me"	Loto (símbolo de consciencia)
Hum	"jum"	Experiencia

Crecí asociando la compasión con lástima y con querer hacer algo para terminar con el sufrimiento de la gente por la que sentía pena. Pero la lástima es estar de acuerdo y apoyar el drama de los demás.

Desde un punto de vista espiritual, la compasión es un entendimiento profundo, y este entendimiento de ti mismo y de los demás viene a medida que vives experiencias y practicas el observar cuidadosamente tus respuestas a esas experiencias. *Puedes dejar de tomarte las cosas personalmente.* En compasión, aceptas tanto la felicidad como el sufrimiento: lo que sea que la vida te traiga. Primero observas, luego entiendes, y luego puedes elegir actuar con bondad amorosa.

El mantra de los Tres Soles

Este mantra eleva tu nivel de energía y da poder a tu cuerpo. El sol es una fuente de energía y vida. Los tres soles en esta meditación son un sol percibido en tres chakras distintos; estos chakras representan los niveles de lo divino, del alma y de la naturaleza dentro de ti.

"Om Vajra Agni"

Om	"om"	Sílaba universal (divino)
Vajra	"*vall*ra"	Diamante, relámpago/rayo (alma)
Agni	"*ag*ni"	Fuego (natural)

<u>Primer sol</u>: Empieza por visualizar un sol radiante en tu 3er ojo (el centro de tu frente). Recita el mantra "Om" en tu mente cada pocos segundos. El nivel más poderoso de energía divina del universo resuena con el mantra OM. Respira.

<u>Segundo sol</u>: Luego, visualiza un sol radiante en tu plexo solar (entre la base de tu caja torácica y tu ombligo). El vajra representa el Alma, o lo que es indestructible como un diamante y poderoso e inaprensible como un rayo. Recita "Vajra" en tu mente cada pocos segundos, consciente de la fuente de energía más poderosa al nivel del alma. Respira.

<u>Tercer sol</u>: Ahora, visualiza un sol radiante en tu chakra base (en la base de tu cuerpo, entre los órganos sexuales y el ano). La fuerza de energía más poderosa en la naturaleza es el fuego. Recita "Agni" silenciosamente cada poco. Respira.

Tomándote tu tiempo, invoca el primer sol en tu 3er ojo, el segundo en el plexo solar y el tercero en el chakra base, todos a la vez. Te llenan, irradiando dentro y fuera de ti. Siente el poder a los niveles divino, del alma y natural (o humano). Cada célula en tu cuerpo está experimentando Om Vajra Agni, sintiendo el poder. Realiza tu japa mientras haces lo posible por mantener la visualización activa.

Debido a la naturaleza poderosa de este mantra, es mejor cargarlo solamente *después de haber terminado de cargar completamente tanto el mantra de paz como el de compasión*, para asegurar que no provocará ninguna pequeña irritación dentro de ti. Además, no cargues este mantra mientras te sientas molesto o enfadado, porque podría molestarte o enfadarte *más*. Y por último, si cargas esto justo antes de dormir, puede que tu alto nivel de energía te dificulte el quedarte dormido.

Primer mantra de Atma Yoga

Atma Yoga es el "Yoga del alma". Este mantra te lleva a existir conscientemente *como* tu alma; también afecta al estado de ser de tu cuerpo y tu mente.

"Aham Nivedin Aham Atma"

Soy consciente de que soy alma, o soy consciente de que estoy hecho de consciencia.

Aham	"a*jam*"	Soy
Nivedin	"n*í*vedin"	Profundamente consciente de
Atma	"*a*tma"	Alma

Nivedin es tanto el nivel más elevado de pensamiento puro (sin expectativas ni apegos), como un entendimiento muy tangible de la sabiduría (pensamiento de nivel divino resonando en tus células y a través de tu cuerpo entero). Contempla que tu cuerpo no está hecho de materia tangible. Contempla que tu cuerpo, tu energía de fuerza vital, tus emociones y tus pensamientos, están todos hechos de consciencia. Tu cuerpo se siente tangible porque es consciencia manteniendo su posición y sus propiedades, pero estás hecho de Ser a todos los niveles. Eres alma, viviendo la experiencia de una vida humana.

Es maravilloso dormirse cada noche mientras piensas o dices este mantra para ti mismo, porque te sumerges dentro de un estado de alma más profundo cuando duermes.

Primer mantra de Inmortalidad

Este mantra taoísta trae larga vida. También se conoce como el mantra de las tres fuerzas vivientes: mente, corazón y cuerpo.

"Ni Na Ra Ra Hum Ra"

Ni	"ni"	Nivel más elevado de pensamiento en la naturaleza
Na	"na"	Presencia en la naturaleza
Ra	"rra"	Activación poderosa
Hum	"jum"	Experiencia

Contempla la consciencia que eres. Eres la experiencia más noble, más divina de la naturaleza, también estás muy presente en tu cuerpo, la experiencia más densa de la naturaleza. Tu existencia humana es el templo de un ser divino. El tercer "ra" activa esta experiencia en mente, corazón y cuerpo.

- Todos los recursos de la naturaleza están disponibles para tu mente, trayéndote creatividad infinita y pensamiento claro.
- Todos los recursos de la naturaleza están disponibles para tu corazón, trayendo amor, afecto y ternura infinitos.
- Todos los recursos de la naturaleza están disponibles para tu cuerpo, trayendo fuerza vital y voluntad infinitas, cada célula vibra con vida y recursos.

Siente alegría por la abundancia y el potencial infinito, siente completa satisfacción por todo lo que tienes.

Los Cinco Elementos de la Creación

La Svetasvatara Upanishad, parte de la literatura sagrada del hinduismo que data de alrededor del año 300aC, explica que el universo fue creado del vacío en forma de cinco elementos: tierra, agua, fuego, aire y akasha (espacio o cielo).

Dios creó el mundo en forma de amor, o consciencia suprema, o sustancia universal. Puedes percibir este amor desde cinco puntos de vista, que son los cinco elementos. Es como mirar hacie dentro de tu salón desde una ventana, una puerta o desde el techo: es la misma habitación, pero la vista es un poco diferente. Todos los elementos existen al mismo tiempo en todo, en todas partes, y las innumerables formas en que fluyen y bailan juntos crean variaciones en la sustancia universal que se manifiestan como la variedad de la vida: tanto cosas físicas como experiencias. Los cinco elementos de la creación no son los elementos físicos que puedes ver y tocar, son el *potencial* espiritual para todo lo creado. Las propiedades, o consciencia de los elementos, son similares a lo que experimentas en los elementos físicos, pero no de manera exacta porque todo se filtra a través de tu percepción humana.

A través de estas meditaciones, tu consciencia y familiaridad con los cinco elementos dentro de ti y en todas partes a tu alrededor crecerá mucho más fuerte. Con el tiempo puedes influenciar las fuerzas naturales en forma de acontecimientos y terapia; esto es la manifestación. Solo recuerda que las habilidades de manifestación están limitadas por las expectativas y los apegos (consulta la explicación de los apegos en la sección de las 21 máscaras del ego).

Todos los mantras elementales incluyen poner atención en deidades hindúes. Los mantras de cielo, agua y aire también incluyen versiones budistas y cristianas (solo tienes que cargar una versión, la que prefieras). No es requisito ser hindú, budista o cristiano, o sentir que les estás rezando a las deidades mientras recitas los mantras. Simplemente estás invocando un estado de ser, o un punto de vista de consciencia.

Usa la fórmula de 9 x 12 para cargar los elementos. Empieza por respirar, prestar atención dentro, calmar la mente y observar que estás consciente de ti mismo. Luego medita en cada elemento mientras recitas el mantra. Es importante cargarlos en el orden en el que aparecen aquí ya que cada uno es la base para los que siguen. Puedes cargar más de uno a la vez si quieres, pero mantén el orden correcto. Por ejemplo: si quieres cargar tierra y fuego durante los mismos 12 días, recita 9 malas de tierra y luego 9 malas de fuego cada día. Los chakras asociados (consulta la sección de Energía y el sistema de chakras) se incluyen para aquellos que estén interesados; no es necesario prestar atención a los chakras para esta meditación.

Tierra

El significado general del mantra de tierra es "naturaleza terrestre de la diosa Tierra". Recitar este mantra invoca la naturaleza divina del planeta Tierra o Madre Naturaleza.

"Om Prithividhatu Bhumideviya"

Om	"om"	Sílaba universal
Prithivi	"pr*í*tivi"	Tierra (material)
Dhatu	"da*tu*"	Propiedades de algo
Bhumi	"*bu*mi"	Tierra (el planeta)
Deviya	"de*vi*ya"	Referente a la diosa (Devi)

Las propiedades de generación (o creación) y firmeza prevalecen en el elemento tierra, junto con las de protección y abundancia. La tierra permite que la esencia de las cosas coagule, establece los bloques de construcción de la estructura. Contemplando la tierra, puedes sentir el movimiento que sucede a lo largo de miles de años, como una onda en el agua a cámara increíblemente lenta. Hay firmeza y paz en el movimiento. La firmeza permite la progresión sin influencia del exterior, esto sostiene la intención y proporciona protección. (La tierra también crea un campo magnético de protección contra los vampiros energéticos. Los vampiros energéticos son personas que no han aprendido a encontrar radiación y amor propio en sí mismos, así que son atraídos *y consumen* la radiación de los demás). La abundancia viene de la regeneración continua. El sentimiento de Tierra es limpio y puro.

Fuego

El significado general del mantra del fuego es "poderosa naturaleza del fuego". Este mantra invoca la naturaleza divina de la diosa Agni.

"Om Tejasdhatu Agnaya"

Om	"om"	Sílaba universal
Tejas	"tellas"	Brillantez o energía ardiente
Dhatu	"datu"	Propiedades de algo
Agnaya	"agnaia"	Referente a la diosa Agni

La consciencia del Fuego es radiación, transformación y purificación. La luz de Dios irradia e influencia todo a cada nivel; esta radiación es tanto causa como resultado de la transformación. El fuego purifica, no por medio de destruir algo sino transformando y elevándolo a una naturaleza superior. Cuando algo se quema físicamente, vuelve a su estado divino más puro y simple (como un árbol complejo que se transforma en cenizas). Cada célula de un ser vivo y cada partícula de materia inherentemente anhela elevarse y volver a ser uno con Dios. Este cambio constante y elevación es la base de la impermanencia de este mundo, la evolución inevitable. Puedes ver esto en el movimiento de la llama: nunca permanece completamente quieta, y nunca está en la misma forma exacta.

Cielo

El significado general del mantra del cielo es "oh, naturaleza celestial del Señor Shiva". Shiva representa la interacción entre Dios el creador y Su creación, similar a Avalokiteshwara en la tradición budista y al Espíritu Santo en la tradición cristiana. (Solo se requiere cargar una de estas versiones, no las tres).

"Om Akashadhatu Shivaya" (Versión hindú)
"Om Akashadhatu Avalokiteshwaraya" (Versión budista)
"Om Akashadhatu BhagavAtmaya" (Versión cristiana)

Om	"om"	Sílaba universal
Akasha	"a*kash*a"	Cielo; reino espiritual
Dhatu	"da*tu*"	Propiedades de algo
Shivaya	"shi*vai*a"	Referente al Señor Shiva
Avalokiteshwaraya	"avaloquiteshva*rai*a"	Referente a Avalokiteshwara
BhagavAtmaya	"bagabat*mai*a"	Referente al Espíritu Santo

El elemento cielo también se llama espíritu, ser, vacío o no-mente. El cielo es el espacio puro en el cual se invoca en tu vida la voluntad de Dios o karma (el proceso de elevar la consciencia), es donde todo sucede dentro de ti y en todas partes. Existe en el espacio entre los átomos, y a través del universo entero. Y Shiva (o Avalokiteshwar o BhagavAtma) es lo que provoca que las cosas sucedan, lo que provoca experiencias para tu evolución.

El mantra del cielo tiene una maravillosa bonificación opcional. Después de cargarlo con la fórmula del 9x12, recita un mala al día durante un año y un ángel te acompañará por la eternidad. Sí, de verdad ☺

Agua

El significado general del mantra del agua es "oh, naturaleza acuosa de la madre divina". Este mantra invoca la consciencia de la madre divina.

"Om Apsadhatu Durgaya" (Versión hindú)
"Om Apsadhatu Taraya" (Versión budista)
"Om Apsadhatu Mariaya" (Versión cristiana)

Om	"om"	Sílaba universal
Apsa	"apsa"	Agua
Dhatu	"datu"	Propiedades de algo
Durgaya	"durgaia"	Referente a Durga
Taraya	"taraia"	Referente a Tara
Mariaya	"mariaia"	Referente a la Madre María

El agua expresa el aspecto femenino de Dios. La madre divina te sostiene, te cría y te cuida, toda la existencia es cuidada y se baña en el vientre de la madre divina. La suavidad del agua te refresca y te alivia. La fluidez, o el movimiento fluido del agua, representa el no-apego, todo fluye de acuerdo a la voluntad de Dios y el cambio crea menos drama y dolor.

Aire

El significado general del mantra del aire es "oh, naturaleza aireada del hijo de Hanuman", e invoca el concepto de la mente pura. El significado de la mente aquí es tanto la mente como el corazón: pensamientos y emociones.

"Om Vayudhatu Hanumantaya" (Versión hindú)
"Om Vayudhatu Bodhicittaya" (Versión budista)
"Om Vayudhatu CittAmalaya" (Versión cristiana)

Om	"om"	Sílaba universal
Vayu	"*va*yu"	Aire o viento
Dhatu	"da*tu*"	Propiedades de algo
Hanumantaya	"janumant*aia*"	Referente a Hanumanta
Bodhicittaya	"bodichit*aia*"	Referente a la mente perfeccionada
CittAmalaya	"chitama*laia*"	Referente a la mente pura

La consciencia del aire expresa: mente pura, comunicación, armonía y equilibrio; es el concepto de no-resistencia. El aire es el elemento con menos tangibilidad, por lo que la sustancia en cualquier forma se mueve fácilmente a través de él. La información en forma de vibración fluye o vibra fácilmente a través del aire. Las ondas de luz y sonido y el olor se mueven a través del aire más rápidamente y con menos distorsión que a través del agua o de la tierra.

Una mente pura te permite pensar y comunicarte con enfoque y claridad (como Hanumanta, hijo de Hanuman el Rey Mono). El mantra del aire abre tu mente y otros sentidos a una percepción más amplia del universo para que puedas estar disponible para las revelaciones.

Reiki Nivel I

Introducción al Reiki

El significado de Reiki

Reiki es una palabra japonesa que significa naturaleza (ki) espiritual (rei), aunque se conoce más como energía de fuerza vital universal. También se refiere a un sistema de terapia espiritual o energética realizado por la transmisión de ki al cuerpo a través de las palmas del practicante ("ki" es la versión japonesa de la palabra china "chi", más conocida)

Rei: 霊 Espíritu

Ki: 気 Mente / corazón / naturaleza

La naturaleza espiritual

Cuando vi por primera vez "La noche estrellada" de Vincent van Gogh, siendo adolescente, se convirtió inmediatamente en uno de mis cuadros favoritos. Mucho más tarde, cuando trabajaba como directora de contabilidad, lo tuve como poster enmarcado en mi oficina. Aprender acerca de la energía en las artes marciales, en la terapia de reiki y en la evolución espiritual me ayudó a entender por qué me sentía tan atraída a él: podía ver la naturaleza espiritual en cada pincelada.

(Puedes ver la versión a color de "La noche estrellada" en www.desertlotusreikiandmeditation.com)

La naturaleza espiritual (o energía de fuerza vital universal, o consciencia) constituye, conecta y fluye a través de todas las cosas, tanto "vivientes" como "no vivientes". Imagina esta energía como el océano, y nuestros cuerpos como redes de pesca en ese océano. No hay contención de agua dentro de la red y no hay separación entre el agua dentro de la red y fuera de ella. Tampoco hay separación entre el agua en esa red y el agua en la siguiente red. Ahora imagina unos pocos pececillos en la red. Aunque la red esté llena de agua y los peces estén compuestos principalmente de agua (o espacio, a un nivel más profundo), los peces necesitan un flujo constante de agua fresca moviéndose a través de la red para mantenerse en perfecto estado de salud. El agua que fluye trae nutrientes y oxígeno a los peces, y también elimina los desechos tóxicos creados naturalmente por el metabolismo de los peces. La eliminación de toxinas es el concepto más aplicable al reiki.

Ahora compara una de esas redes con tu cuerpo, y a esos peces con las células de tu cuerpo. Tu cuerpo y tus células necesitan un flujo constante de energía del universo de tu alrededor para eliminar el mal-estar creado por el estrés emocional y mental que resulta de manera natural de vivir tu vida diaria.

Debido a que estamos hechos de esta energía espiritual (o consciencia tangible), es más difícil para mí entender por qué parecemos sólidos y separados entre nosotros, que imaginar que no lo estamos. Simon Lacouline en su libro *"Broaden Your Perception"* (Expande tu percepción), expresa este concepto a la perfección. *"¿Cómo pueden los átomos, hechos prácticamente de nada... ser la materia prima que constituye la materia sólida que nos rodea? ¿Cómo es que podemos tocar y agarrar objetos? ¿Por qué no podemos atravesar paredes? ¿Cómo puede el suelo sostener tus pies, si la materia de la que está compuesto está hecha de vacío?"* Este pensamiento explora el no-concepto de espacio. Y en el no-concepto de tiempo podemos describir un objeto simple (como una mesa) como energía con memoria, permaneciendo quieta. Si imaginas que quitamos la percepción humana del tiempo, puedes ver la mesa como una semilla, fluyendo hacia ser árbol, fluyendo hacia madera, fluyendo hacia mesa, fluyendo hacia madera podrida, fluyendo hacia ceniza, fluyendo hacia la tierra, fluyendo hacia semilla, y así, todo en el mismo momento del "ahora". Cuando miras a través del velo del tiempo y el espacio, puedes comprender la verdadera naturaleza de la terapia de reiki.

El reiki y cómo funciona

Desde el momento de la concepción, la energía (chi o ki) fluye dentro y resuena a través de nuestros cuerpos (si no, no estaríamos vivos), limpiando los efectos del estrés como la ansiedad, la enfermedad o el dolor. Pero a veces, el efecto del estrés es tan intenso que obstruye el sistema de limpieza. El flujo de energía puede desequilibrarse o incluso bloquearse en las zonas afectadas del cuerpo y entonces no nos sentimos bien. La terapia de reiki puede ayudar a restaurar el flujo de energía.

La terapia de reiki es la cosa más natural y simple del mundo. Cuando te duele el estómago, de manera natural pones las manos en tu abdomen. Los padres saben qué hacer si su hija se cae y se rasca la rodilla: ponen la mano encima. La energía fluye a través de las manos hacia el estómago o la rodilla, y empieza a sentirse mejor. Eso es reiki, simplemente sin el entrenamiento técnico o la iniciación (consulta la sección de Iniciación).

Durante un tratamiento, el terapeuta de reiki se interpone como persona intermedia en este proceso de flujo de energía. El cuerpo del cliente atrae energía del universo, pero fluye primero a través del terapeuta de reiki antes de entrar en el cuerpo. A medida que la energía fluye a través del terapeuta, su frecuencia aumenta, creando una intensidad que limpia el sistema energético y aclara y equilibra eficazmente los canales energéticos. Los terapeutas de reiki no imponemos una terapia o influencia externa en el cliente, simplemente asistimos a nuestros clientes en su proceso de autosanación.

Podrías comparar el sistema energético estresado con una casa que ha estado cerrada por unas semanas mientras la familia estaba de vacaciones. El terapeuta de reiki simplemente abre ventanas y puertas, permitiendo que fluya una brisa fresca y que refresque el aire estancado.

O imagina que la energía es agua. Visualiza un canalón después de una tormenta, obstruido con hojas, ramitas y tierra: eso es una vía energética estresada. Empieza a llover de nuevo y las gotas de lluvia caen en el tejado de la casa y fluyen de manera natural al canalón. Pero el agua no puede entrar en él; simplemente fluye por encima y cae al suelo. Incluso si un poco del agua de lluvia se filtra al canalón, no fluye libremente, sino que se abre paso poco a poco alrededor de las hojas, formando pequeñas charcas estancadas. El terapeuta de reiki limpia el canalón usando una manguera. La manguera es el propio cuerpo del terapeuta, convertido en un conducto poderoso por medio de la iniciación. El terapeuta abre el grifo de manera natural y dirige un chorro contundente de agua que despeja los bloqueos al colocar sus manos encima de los chakras con intención y compasión (consulta la sección de Energía y el sistema de chakras).

El estrés en sí no es malo, es lo que nos hace movernos. El sonido del llanto de un bebé crea estrés en su madre (el instinto maternal) para cuidar de su bebé. El hambre es estrés en el estómago recordándote que comas y alimentes tu cuerpo. Cuando suena la alarma por la mañana, el estrés de sentirse responsable hace que te levantes y te prepares para ir al trabajo. Son los *efectos* del estrés a largo plazo lo que duele. Sin embargo, la integración emocional y contemplar las 21 máscaras del ego pueden ayudarte a resolver las *causas* del estrés, y el reiki ayuda a resolver los *efectos* del estrés.

Propósito general y beneficios

El propósito de un tratamiento de reiki, utilizando terminología física, es limpiar y equilibrar los canales energéticos del cuerpo. El flujo fuerte y natural de ki (o chi) relaja y anima tu cuerpo, promoviendo el proceso de autosanación. Hablando de manera espiritual, el reiki influencia la vibración de consciencia al ayudar a relajar tu resistencia a las experiencias evolutivas. El beneficio más básico es la reducción de estrés, lo cual alivia de manera natural muchas dolencias. Son comunes los buenos resultados con depresión leve, ansiedad, dolores de cabeza, migraña, dolor, asma, sueño intranquilo, pena, síndrome premenstrual, falta de concentración y muchas más afecciones. El reiki acelera la recuperación de enfermedades y operaciones y también ayuda a facilitar la transición de la vida a la muerte.

Medicina occidental tradicional y reiki

El reiki facilita (no reemplaza) a la medicina occidental tradicional. El reiki y la medicina occidental trabajan muy bien juntos. Hay enfermeras, quiroprácticos, masajistas, veterinarios, médicos y hospitales que ofrecen reiki junto a otros tratamientos. Si aconsejas a un cliente que deje de tomarse sus medicinas y que solo utilice métodos naturales u holísticos, te estás exponiendo a una demanda. Yo prefiero primero probar varias formas de terapia natural, como reiki, mantras, hierbas y comida, pero utilizando el sentido común.

Cuando mis hijos eran pequeños y tenían dolor de garganta, probé a darles reiki, vitaminas y sopa. Si eso no funcionaba, íbamos a ver al médico. Si tengo una infección urinaria, pruebo zumo de arándano rojos, agua, reiki y mantras. A veces funciona, y a veces termino tomando antibióticos. El reiki es muy efectivo con la cirugía: utilizado antes y justo después de las operaciones, relaja el cuerpo para que trabaje *con* la cirugía en vez de resistir la violencia invasiva. El reiki también acelera el proceso de recuperación física y reduce el dolor. Una persona con depresión severa podría utilizar reiki mientras reduce gradualmente la dosis de su medicamento recetado al mínimo requerido, <u>pero esto debe hacerse bajo la supervisión de un médico</u>.

Espiritualidad y ciencia

El reiki es de naturaleza espiritual, pero no está afiliado ni es contrario a ninguna religión. La religión es una estructura creada por el hombre, personalizada para varias culturas y sistemas de creencias, que proporciona un vehículo que nos ayuda a conectarnos con Dios y vivir bien en sociedad. En mi opinión, la religión busca responder tres preguntas: de dónde vengo, cuál es mi propósito aquí en la tierra y qué me sucede después de que muera mi cuerpo. Estas son en realidad una sola pregunta: ¿cuál es mi relación con Dios? El reiki no busca responder estas preguntas. Simplemente reconoce la naturaleza espiritual de todo y la capacidad natural que todos tenemos de usarlo para influir en la salud física y emocional.

Por supuesto, hay varias opiniones al respecto. La Conferencia de Obispos Católicos de Estados Unidos en 2009 advirtió a los Católicos Romanos de que evitasen el reiki porque carece de credibilidad científica y es peligroso para la salud espiritual de los cristianos. Los obispos declararon que la "imposición de manos" por parte de un maestro de reiki entrenado choca con la creencia cristiana. Un querido bautista miembro de mi propia familia, está de acuerdo con esta idea, haciendo todo lo posible para convencerme de que solo Dios puede curar, y que cualquier otra forma intangible de terapia debe de venir del diablo. Esta visión no está limitada a los cristianos: también conozco a muchos budistas que sienten que la práctica del reiki va en contra de sus creencias. Por otro lado, sé de tres monjas y muchos budistas en mi pueblo que son practicantes de reiki. Busca en Google "reiki y religión": hay un montón de artículos para leer, a favor y en contra. Tendrás que formar tu propia decisión acerca de esto.

Respecto a la credibilidad científica, todavía no hay un medio basado en el método científico para medir los efectos beneficiosos del reiki, a pesar de que los beneficios están siendo reconocidos por los hospitales de medicina occidental. El famoso cirujano cardiovascular de TV, el Dr. Oz, invitó a practicantes de reiki a su sala de operaciones para tratar a pacientes durante cirugías de corazón abierto y operaciones de trasplante de corazón, comentando que "el reiki se ha convertido en un arte curativo buscado entre pacientes y profesionales médicos convencionales."

El ejército de EE. UU. está observando los efectos de las "terapias integrales" con programas que incluyen reiki, acupuntura, terapia artística, bio y neuro retroalimentación, masaje médico, meditación, Qigong y yoga como tratamientos para soldados que han sido diagnosticados con trastorno de estrés postraumático (TEPT). Yo tuve el honor y la maravillosa experiencia de trabajar en una de estas clínicas, el centro R&R en Fort Bliss (Texas), durante cuatro años.

El reiki es solo para el bien

Varios estudiantes potenciales me han preguntado si el reiki tiene un lado oscuro: ¿podemos invocar o influenciar energías negativas? Para mí es como preguntar si el aire puro limpio o el agua limpia tienen un lado oscuro. Toda la energía (consciencia tangible) está hecha de Amor, y lo que llamamos "energía negativa" es el sufrimiento de la emoción que proviene del apego y la expectativa (consulta la sección sobre las 21 Máscaras del ego). El reiki influye en la relajación física, la cual influye en la relajación emocional. La energía del reiki es inherentemente buena y revitalizante y no existe la posibilidad de un efecto o propósito negativo.

Energía y el sistema de chakras

En este primer nivel de reiki, hablo acerca de los chakras principalmente desde el punto de vista de la energía física. Hablaré de los chakras como resonancia de la consciencia y de la asociación de los chakras con los aspectos físicos y emocionales/experienciales en la sección de Reiki II, y sobre los chakras como movimiento universal en la sección de maestría.

Los chakras se forman por el movimiento de los canales energéticos (Nadis)

El término sánscrito nadi proviene de la raíz "nad", que significa "movimiento". Un nadi es una corriente en el cuerpo vital o astral a lo largo del cual resuenan el prana (fuerza vital) y la información. Estos son los canales energéticos de nuestro cuerpo. Varias fuentes antiguas cuentan que hay entre 72000 y 350000 nadis; la energía viaja por la respiración, por la sangre y fluye también a lo largo de otros canales. Sushumna, Ida y Pingala son los nadis principales.

Sushumna (que significa el de más gracia) también es conocido como el Canal Central y se extiende a lo largo de la columna vertebral desde el chakra base hasta el chakra de la corona. Ida (también conocido como Chandra o nadi de la luna) resuena a lo largo del lado derecho de Sushumna, y Pingala (también conocido como Surya, o nadi del sol) resuena a lo largo del lado izquierdo. La antigua enseñanza común expresa que Ida y Pingala se encuentran por primera vez con el nadi Sushumna en el chakra base, luego serpentean de un lado a otro cruzándose con Sushumna para formar un vórtice que se convierte en cada chakra principal, hasta que se encuentran y terminan en el chakra Ajna (3er ojo). Esta fue la experiencia de los primeros santos que lo registraron, y la manera en la que la mayoría de las imágenes lo muestran.

7 chakras principales con
Sushumna, Ida y Pingala

Localización de los chakras

La palabra sánscrita "chakra" significa "constantemente girando" o "movimiento perpetuo", y es este movimiento de vórtice el que atrae la energía hacia dentro y a través de nuestros cuerpos. Los chakras mayores son las áreas donde la energía entra más poderosamente en el cuerpo y donde la sentimos más intensa físicamente. "Intensa" es una palabra comparativa porque la mayoría de la gente siente la energía como muy sutil. Un tratamiento de reiki se centra principalmente en los chakras mayores porque es eficiente trabajar donde fluye la mayor parte de la energía.

Los ocho chakras mayores están alineados en una columna ascendente desde la base de la columna hasta la parte superior de la cabeza. La interpretación más ampliamente aceptada reconoce siete chakras al considerar el tercer ojo y la puerta de Jade como parte delantera y trasera del mismo chakra. Sin embargo, las experiencias asociadas con cada uno son bastante diferentes, por eso el Reiki Mahaananda reconoce ocho.

Los diversos nombres, localizaciones y colores asociados de os chakras mayores y del Dan-Tian se enumeran a continuación. Siempre utilizo el primer nombre (y el más común) de la lista, pero por favor familiarízate con todos ellos para que puedas evitar la experiencia que tuve yo en el 2006: estaba muy emocionada de finalmente conocer a otros maestros de reiki en mi área… pero en nuestra primera conversación yo no sabía qué significaba "2º chakra", así que por supuesto, ellos pensaron que yo era una impostora y un fraude; fue vergonzoso y no quisieron ser mis amigos reikistas. La práctica de la Nueva Era de asociar colores del arcoíris con los chakras representa el rango de frecuencias energéticas desde la más baja en el chakra base hasta la frecuencia más alta en la corona (más física en la base hasta la más espiritual en la corona). Mucha gente experimenta diferentes patrones de color cuando dan o reciben tratamientos de energía.

- El chakra base (o raíz, Muladhara o 1er chakra) está situado justo dentro del perineo (el área suave entre los órganos sexuales y el ano) y se representa con el color rojo.
- El chakra sacro (o Hara, Svadhishthana, del ombligo o 2º chakra) está situado unos pocos centímetros por debajo del ombligo y se representa con el color naranja.
- El Dan-Tian es un centro de energía, no un chakra real, que abarca todo el sistema digestivo del abdomen; el centro está situado en el ombligo. La mayoría de las tradiciones de reiki incluyen una posición de las manos en el ombligo.
- El chakra del plexo solar (o Manipura o 3er chakra) está situado entre la base de la caja torácica y el ombligo y se representa con el color amarillo.
- El chakra del corazón (o Anahata o 4º chakra) está situado al nivel del corazón físico, pero en el centro del pecho y se representa con el color verde.
- El chakra de la garganta (o Vishuddha o 5º chakra) está situado en la base de la garganta y se representa con un color azul medio.
- El chakra del tercer ojo (o Ajna o 6º chakra) está situado en el centro de la frente y se representa por el color índigo (azul negruzco).
- El chakra de la corona (o Sahasrara o 7º chakra) está situado unos 10 cm por encima de la parte superior de la cabeza y se representa por los colores violeta y blanco.
- El chakra de la puerta de Jade (u 8º) está situado en la parte posterior de la cabeza, en la cresta occipital (el hueso puntiagudo cerca de la base del cráneo) y se representa por el color verde, que se convierte en negro en su centro.

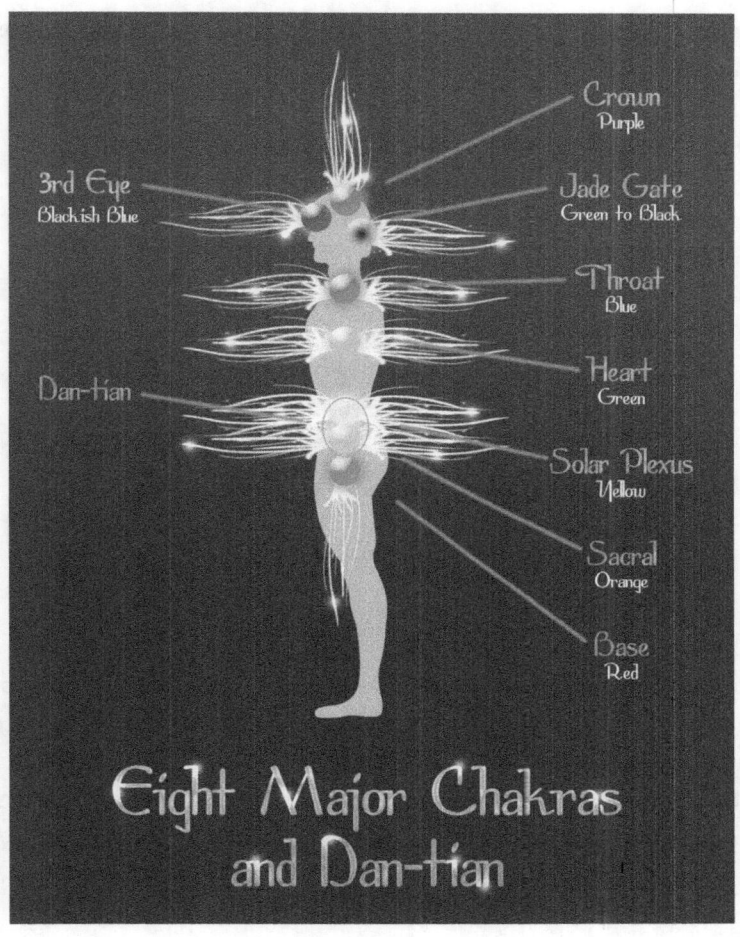

(Puedes encontrar la versión a color de "Los ocho chakras mayores y el Dan-Tian" en www.desertlotusreikiandmeditation.com)

Hay chakras menores importantes girando en todas las articulaciones principales, así como en las palmas y en las plantas de los pies.

Localización de chakras menores importantes

- Hombros
- Codos
- Muñecas
- Caderas
- Rodillas
- Tobillos

- Lao Gong (palma)
- Yong Quan (planta del pie)

 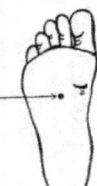

Sigung se refería a los chakras como "puertas de energía". Hay una puerta más situada en los omóplatos acerca de la cual mis dos maestros dieron enseñanzas (consulta la sección de Linaje). Sigung lo llamaba el diamante Yang. Él abrazaba a cada alumno después de las clases, presionando ambas manos ahí para dar reiki. Maha lo llama el chakra del huésped y lo describe como el área donde el alma entra en el cuerpo; este es el origen del aura ahuevada que rodea al cuerpo y que a veces se ve como alas de ángel.

Otro punto físico y espiritual importante en el cuerpo es la glándula pineal (llamada así porque su forma recuerda a una piña). Esta pequeña glándula endocrina (aproximadamente del tamaño de un grano de arroz) produce la melatonina, la cual modula los patrones de sueño-vigilia. A pesar de estar situada profundamente en el cerebro, los neurocirujanos han descubierto que es sensible a la luz y por tanto está asociada con la percepción espiritual.

Iniciación y linaje

Qué es la iniciación

La iniciación (también denominada empoderamiento o sintonización en otras tradiciones) es una práctica espiritual en la cual un maestro impulsa una consciencia y/o habilidad en sus estudiantes. Esta consciencia ha sido compartida muchas veces de persona a persona a lo largo de miles de años, empezando en el Maestro original que recibió una cierta sabiduría o poder por revelación. A veces la consciencia recibida actúa como un catalizador que permite a los buscadores espirituales elevar su propia consciencia más rápido a medida que hacen su práctica. Un ejemplo de esto sería una iniciación de un mantra. Otras veces, eleva la consciencia del buscador a tal estado que la nueva habilidad o poder es evidente y está disponible inmediatamente. Este es el caso con la iniciación de reiki.

El Maestro da la iniciación por cada nivel de entrenamiento de reiki: Reiki I, Reiki II y Maestría /profesor de Reiki. Algunas tradiciones consideran los niveles de maestría y profesor como un nivel conjunto (nivel III), y otras lo separan en dos niveles (niveles III y IV).

El linaje del reiki empieza con Usui Sensei

El linaje del reiki es una documentación de una serie de iniciaciones de Maestro Profesor en cada tradición, empezando con Usui Sensei (el Maestro original del reiki moderno) hasta el estudiante más reciente.

La sabiduría del reiki fue revelada al monje budista japonés Mikao Usui (Usui Sensei) como una

Usui Sensei

experiencia de iluminación en la década de 1920. Sensei significa "profesor" en japonés. Él investigó durante 10 años para recuperar los secretos del bienestar espiritual a los cuales hacían referencia los sutras budistas; habilidades comunes que se habían vuelto esotéricas hacía miles de años. Viajó a muchos monasterios budistas buscando información sin éxito, y finalmente se rindió a la meditación y el ayuno en el Monte Kurama. Después de 21 días, Usui Sensei permitió que una bola de luz diese y entrase en su 3er ojo y perdió la consciencia. Cuando despertó, conocía los cuatro símbolos del reiki, su significado y cómo usarlos para sanar. Usui Sensei transmitió este sistema a entre 16 y 19 estudiantes de maestría de reiki (según la fuente) por iniciación y enseñanza oral.

Linaje del Reiki Mahaananda

El siguiente gráfico de linaje muestra la serie de iniciaciones (o flujo de consciencia) que empezó con Usui Sensei y resultó en mis propias iniciaciones. Recibí la iniciación de Maestro profesor tanto de Sigung Hasting Albo como de MahaVajra (consulta las siguientes secciones acerca de Linaje de artes marciales y Linaje clerical).

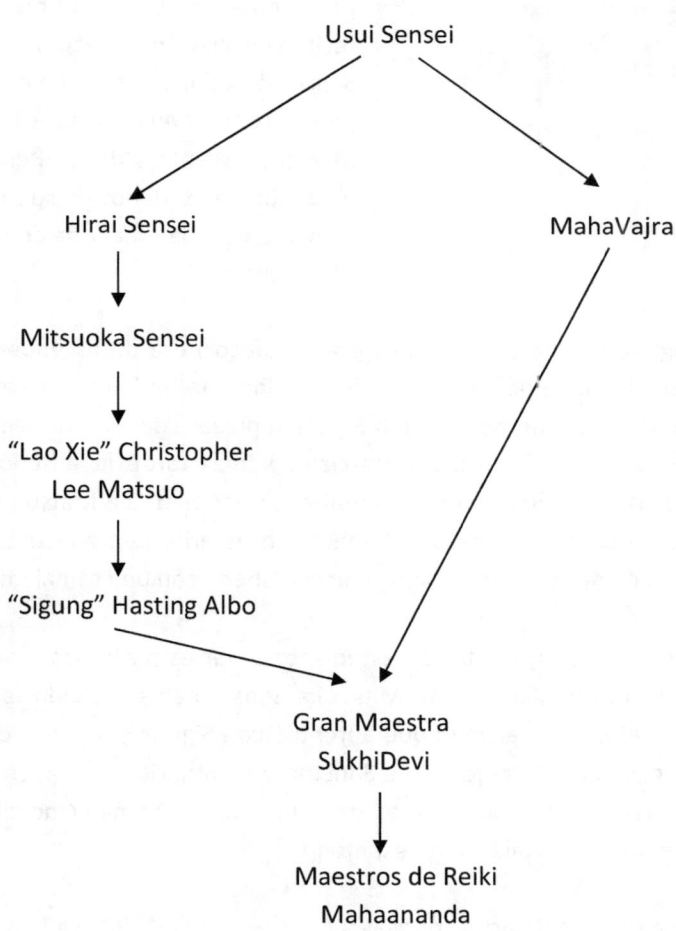

Linaje de artes marciales

Sigung, Sukhi y Lao Xie 2007

Todo el linaje de Sigung Hasting Albo, maestro de *Xen Martial Arts and Healing Arts Academy (Academia de Artes Curativas y Artes Marciales Xen)* está en las artes marciales y las artes de terapias naturales. Mi linaje de artes marciales empezó con Hirai Sensei, que es la última persona que recibió iniciación directamente de Usui Sensei: él todavía estaba en el vientre de su madre cuando ella recibió su iniciación de Maestría. Mientras daban Reiki, luz blanca emanaba de los dedos de su madre y humo blanco o neblina emanaba de las palmas de Hirai Sensei.

Hasting K Albo ("Sigung", un título que significa gran profesor) era de ascendencia filipina, y nació y creció en Hawái. El abuelo de Sigung, el Abuelo Albo, era un habilidoso artista marcial. Su madre le prohibió al Abuelo Albo enseñarle a Sigung a pelear cuando era pequeño, así que en vez de eso le enseñó "danzas" de artes marciales y más tarde le enseñó lo que eran realmente. Sigung compartió su sabiduría con su amigo Christopher Lee Matsuo ("Lao Xie", un título usado generalmente para un profesor altamente respetado. Se traduce como "persona mayor". Lao se pronuncia como se lee y Xie se pronuncia "sher", con una r final muy suave).

Después del instituto, Lao Xie se convirtió en estudiante de artes marciales y de maestría de reiki de Hidetoshi Mitsuoka en Hilo, Hawái. Mitsuoka Sensei había recibido la iniciación en Japón de Hirai Sensei. Lao Xie compartió lo que aprendió con Sigung y le inició como Maestro de Reiki. Lao Xie ahora gestiona el Dragon Gate Sanctuary (Santuario de la Puerta del Dragón) en Honolulu, donde da terapia usando técnicas de acupuntura, chamanismo tibetano bon y reiki, y es un maestro de artes marciales muy respetado.

Sigung empezó su propia escuela de artes marciales en Hawái, y en 1998 siguió a una chica a El Paso, Texas. Esa relación no duró, pero él se quedó y empezó a dar clases, y con el tiempo fundó *Xen Martial Arts and Healing Arts Academy (Academia de Artes Curativas y Artes Marciales Xen)*. Fue entonces cuando conoció y se casó con su amada Simo (que significa esposa del profesor).

Fui atraída a esta escuela como estudiante de Kung Fu después de ver a Sigung participar en torneos de artes marciales locales en los cuales yo también participaba. Ya que yo no quería pelear, me colocó en la Clase Magistral, la cual era una clase avanzada para niños en la que Sigung incorporaba técnicas de Kung Fu en formas (katas) y baile coreografiado. ¡Me encantaba esta clase! Unos pocos años más tarde, Sigung creó una maravillosa clase los sábados por la mañana solo para adultos. Aquí enseñó las artes marciales internas de Chi Gong y Bagua, meditación, filosofía espiritual (que fue mi primera introducción al pensamiento budista) y un poco de reiki; también enseñó que Chi Gong es la base del reiki. Mientras estaba en esta clase, descubrí que Sigung había iniciado a muchos de los otros estudiantes en el segundo nivel de reiki para que pudiesen cuidarse entre ellos cuando se lastimaban.

Sigung inició solo a cinco o seis maestros de reiki, y tengo la suerte de ser una de ellas. Le pregunté un día si me daría la iniciación. Él no respondió, pero me dio un ejercicio de meditación para hacer. Casi tres meses más tarde, cuando me estaba yendo de la clase, agotada y sudorosa, Sigung me llamó a su oficina y me pidió que me sentase en la silla que había puesto en el centro de la habitación. Entonces, me dio mi iniciación de maestría.

Yo no me sentía preparada para enseñar, pero los estudiantes estaban apareciendo. Sigung enseñaba de la manera de la vieja escuela: toda la enseñanza era oral y sin una manera organizada. Para hacer mi primer manual del curso de Reiki I, revisé cuidadosamente tres años de notas de clases de Chi Gong para extraer las gemas de sabiduría. Con el apoyo de Sigung, empecé a enseñar en la escuela Xen, y luego abrí mi propio espacio, Desert Lotus. Lao Xie visitó El Paso unas pocas veces, enseñando y haciendo prácticas de seguridad en las artes marciales en Xen, y terapia en Desert Lotus.

Después de la muerte de Sigung en 2008, Simo me dio el título de Sifu, o profesora (el cual Sigung había estado planeando), y me dio su bendición para seguir enseñando el reiki que aprendí de Sigung.

Linaje clerical

MahaVajra

El maestro espiritual iluminado MahaVajra es mi maestro actual y MahAcharya (gran obispo) en la Tradición Budista Mahajrya. Este linaje está impregnado con la consciencia de los maestros de Maha: Jesús, Krishna, Melchizedek y el Buda Shakyamuni.

Maha recibió la iniciación y la transmisión de la sabiduría directamente de Usui Sensei a través de comunión al nivel del alma. En junio de 2009, Maha me guió a través de esta iniciación a mí también.

La definición de diccionario del nombre sánscrito MahaVajra es "Gran diamante" o "Gran relámpago"; a un nivel más profundo, significa "gran golpe de iluminación". Maha es francocanadiense, amado por miles de estudiantes y discípulos devotos en todo el mundo. Obtuve las técnicas espirituales incluidas en este libro de enseñanzas que recibí de él personalmente en muchos de sus seminarios en Estados Unidos e internacionales. Puedes encontrar más información sobre Maha y sus enseñanzas en www.mahavajra.com, y también ver muchas grabaciones de seminarios en su canal de YouTube buscando "Maha Vajra".

La importancia del linaje

Cada vida, nuestro karma nos trae las experiencias necesarias para la evolución de cada uno de nosotros. Nos encontramos con quien debemos encontrarnos y experimentamos lo que se supone que debemos experimentar. Nuestros maestros se crean para ser nuestros maestros, así como nosotros somos creados para ser los maestros de nuestros estudiantes. En este sentido, cada linaje es perfecto para sus miembros.

Cuando un estudiante recibe una iniciación de reiki, recibe del Maestro Profesor la consciencia de Usui Sensei y los símbolos de reiki en su cuerpo. La propia consciencia de Usui Sensei fluye a través de cada estudiante en cada linaje. Sin embargo, esta consciencia está aromatizada con la consciencia de cada miembro del linaje. Tanto la distancia a Usui Sensei en el cuadro del linaje como el nivel de consciencia de los miembros del linaje tienen un efecto en la pureza de la consciencia recibida a través de la iniciación. Tú, como futuro maestro de Mahaananda, estarás a solo seis personas de distancia de Usui Sensei a través del linaje de artes marciales y a solo tres personas de Usui Sensei a través del linaje clerical. Además, todos los miembros del linaje del Reiki Mahaananda son maestros altamente espirituales y honorables. Y esto es muy propicio.

La experiencia de la iniciación

El proceso de iniciación parece ser similar al tratamiento de silla de reiki (consulta la sección en Evaluación y tratamiento), con el Maestro Profesor poniendo sus manos encima o sobre los chakras del estudiante. El Maestro Profesor también dibujará símbolos en o cerca del estudiante.

¿Cómo se siente recibir la iniciación? Los comentarios de mis alumnos son los mismos que puedes encontrar en cualquier libro. Las experiencias físicas son vibración o calor, sobre todo en las manos, un sentimiento de energía fluyendo y arremolinándose dentro y alrededor del cuerpo, sentimientos más claros, relajación y calma, llanto, sentir más manos que las mías y ver colores. Una estudiante de maestría sintió tanta energía fluyendo durante dos días que fue incapaz de dormir. Las experiencias espirituales incluyen bendición, un sentimiento de consciencia espiritual más profunda y de sabiduría intuitiva, una sensación de "volver a casa", y consciencia de presencias no humanas (miembros de la familia ya fallecidos y seres divinos). Una experiencia que los estudiantes me han contado y que no he visto en otros libros de reiki es la tendencia a tener sueños más vívidos después de la iniciación. De vez en cuando los estudiantes ven luz fluyendo de mis manos y ven mi aura. Algunas de estas experiencias pueden durar varios días. La enseñanza común es que la iniciación del primer nivel de reiki es un proceso poderoso de limpieza que puede durar hasta 21 días; que este proceso puede causar dolor de cabeza, vómitos, diarrea, enfermedades leves y llanto. Sigung simplemente decía "estarás irritable durante unos días". Sin embargo, los estudiantes que ya están haciendo algún tipo de práctica espiritual seria antes de su iniciación no tienen tanta experiencia de limpieza.

Mi experiencia cuando recibí mi propia iniciación de maestra de Sigung fue que mis huesos se sintieron como gelatina durante unas siete horas, casi no pude conducir a casa aquella noche o caminar por la casa. Durante tres días mi consciencia fue atraída a mi interior con tanta fuerza que el mundo a mi alrededor parecía un televisor en otra habitación: lo escuchaba por detrás pero realmente no era nítido. Por aquel entonces había dado mi aviso en el trabajo y me quedaban solo tres días. Estaba tan distraída que realmente pienso que hubiese perdido ese trabajo, o al menos me hubiesen hecho pasar un examen de drogas si no estuviese ya por irme.

Cuando Maha me introdujo a la consciencia de Usui Sensei, caí en un estado de bendición tan alegre que empecé a llorar y reír en alto. Esta experiencia todavía es fuerte, y aún me afecta cada vez que comparto este proceso con mis propios alumnos. Cuando doy iniciaciones, siempre siento y veo vagamente a Usui Sensei, Sigung, Lao Xie y Maha atendiendo. ¡Qué honor y alegría!

La transformación de la iniciación

Debido a la transmisión de consciencia, cada iniciación es una transformación espiritual. Pero también hay dos efectos físicos inmediatos y obvios. Primero, el cuerpo (y especialmente las manos) se hacen más sensibles a la sensación física y a la resonancia de la energía. La mayoría de mis alumnos ya son sensibles a la energía antes de la iniciación, pero después, las sensaciones son más intensas o evidentes. Esto es útil para la **evaluación** del terapeuta del flujo de energía y de si hay un bloqueo o desequilibrio. Por otro lado, el cuerpo del estudiante se convierte en un conductor de energía poderoso, lo cual influencia el **tratamiento o terapia** (poderoso en el sentido de permitir que su consciencia afecte a otro).

Iniciación a distancia

Solía creer que las iniciaciones, debido a su naturaleza sagrada, solo deberían de ser hechas en persona. Tuve unas reacciones bastante negativas a anuncios de iniciaciones en línea en páginas web y redes sociales. Pero empecé a utilizar Skype como medio para recibir enseñanzas espirituales y con el tiempo recibí iniciaciones de mantras de Maha y de otros, y eran bastante poderosas. Así que contemplé la pregunta de por qué *iniciaciones* de reiki a distancia de calidad no iban a ser posibles cuando *tratamientos* de reiki a distancia de calidad SON posibles. No encontré una razón, así que empecé a dar iniciaciones de reiki a través de Skype prestando mucha atención al estado de ser sagrado. Mis alumnos de todo el mundo tienen la misma intensidad de experiencias que mis alumnos locales.

Jugando con la energía

Es bueno practicar el sentir energía después de la iniciación. Todos hemos sentido el flujo de chi, o energía, en forma de la respuesta involuntaria de nuestro cuerpo a cosas como la fiebre (escalofríos) o a un primer beso (mmmmm). Ahora vamos a practicar sentirla *a propósito*. Como con cualquier otra cosa, cuanto más practicamos, mejores somos.

El siguiente ejercicio funciona con las palmas de las manos (Lao Gong). Como en la imagen izquierda de debajo, sostén tus manos relajadas delante de ti, palma frente a palma con los dedos ligeramente curvados como si estuvieses sosteniendo un melón. Escucha, o abre tu consciencia a un ligero hormigueo en las palmas o en los dedos. Ahora, mueve tus manos lentamente en un movimiento de unos centímetros hacia dentro y hacia fuera, esto causa que la energía se acumule entre ellas. Procura sentir una sensación magnética. Cuando las apartas, algo parece que las quiera acercar de nuevo; cuando las acercas, las palmas se sienten como si se repeliesen. Es bastante sutil, pero te harás más consciente de ello con la práctica. Si tienes dificultad, prueba a dar una palmada y frotar tus manos enérgicamente antes de hacer el ejercicio: esto estimula el flujo de energía. Puede que hayas visto esta palmada y frote del señor Miyagi antes de "preparar" a Daniel San en la película original de Karate Kid.

El siguiente ejercicio hace referencia a la foto de la derecha. Pon tu mano derecha en el mudra de la Espada: extendiendo tus dedos índice y medio y anclando el anular y meñique con el pulgar (como el símbolo de la paz, pero con los dedos extendidos juntos). Apunta con la mano derecha en mudra hacia tu palma izquierda, a unos 5-10 cms de distancia, haciendo pequeños movimientos lentos de espiral con los dedos. Procura sentir calor u hormigueo en tu mano izquierda. Algunos estudiantes experimentan una sensación de "brisa fresca". Ahora cambia las manos (mano izquierda con el mudra de la espada apunta a la mano derecha) y hazlo de nuevo. El propósito de este ejercicio es ver cuál de tus manos es más sensible a la sensación de energía. La mayoría de los estudiantes tienen más sensación de recibir energía en la mano izquierda (receptora) que en la mano derecha (dadora). Una vez sepas qué mano es la más sensible, puedes tener esto en cuenta cuando evalúes si dos chakras están equilibrados o no.

Evaluación y tratamiento

Evaluación y tratamiento simultáneos

El tratamiento consiste muy simplemente en poner las manos en los chakras, ya sea directamente en el cuerpo haciendo un contacto ligero, o un poco por encima pudiendo sentir un colchón de energía. Aquí evalúas la intensidad y consistencia de la energía, esperando a que el sentimiento se convierta en calor suave u hormigueo. El tratamiento se completa cuando la energía de todos los chakras es constante y suave. O incluso más simple: poner las manos donde duele, como en una articulación con dolor artrítico o en los pulmones para calmar la aflicción. Más simple todavía: tomar la mano de alguien o darles un abrazo. Esto es efectivo ya que la energía fluye a donde se necesita; aunque no es tan eficiente como utilizar las principales puertas de energía.

Lo que puede que experimentes tú como terapeuta

Las sensaciones más comunes que puedes experimentar durante un tratamiento son calor, vibración o presión; menos comunes son frío, ondas de energía, brisa, colores, emociones o pensamientos. El calor es más intenso que simplemente el calor ambiental de tu mano cerca del cuerpo de tu cliente. La vibración se siente distinta para cada uno. Para mí, se siente como si pusiese mi mano en la encimera en la cocina junto a un procesador de alimentos en marcha, una especie de sensación de zumbido. Algunos estudiantes dicen que se siente como hormigueo, y otros dicen que se siente como un electrochoque suave: hormigueo mezclado con una sensación de entumecimiento ligero. La intensidad y la consistencia pueden ser diferentes en varios chakras. Puede que no sientas nada en absoluto o casi nada, esto significa que el chakra está bloqueado o atrayendo muy poca energía. Puede que sientas energía muy intensa. Puede que sientas un zumbido casi sólido, o una sensación muy espinosa. Realmente no tienes que saber qué significa la interpretación, solo tienes que dejar las manos en el chakra hasta que sientas la energía suave y constante que indica equilibrio.

Dar tratamientos de reiki a mujeres embarazadas es una experiencia maravillosa. Cuando pones tus manos encima del vientre, sientes la consistencia de la energía del bebé muy distinta de la de la madre; puedes sentir el milagro de la vida sucediendo debajo de tus manos. La energía del bebé es tan pura y fina, es como seda comparada con la energía de algodón de la madre. (Consulta la sección de Prudencia con ciertos tratamientos).

Si eres muy sensible a la energía, sentirás estas sensaciones no solo en tus manos sino con muchas partes de tu cuerpo, sobre todo fluyendo a través de tus pies. A veces, siento un "destello caliente" a través de mi cuerpo asociado con un chakra, pero no con los demás. También he sentido como si mi cuerpo se hiciese muy alto. Una de mis alumnas nunca sintió ni una vibración, pero vio los colores como su forma de evaluar. Otros dos sienten frío en vez de calor. Si empiezas a sentir el dolor y la incomodidad de tu cliente, esto es porque eres empático, no porque estés practicando reiki.

Después de un tratamiento, los clientes suelen preguntarme "¿no te sientes cansada tras dar energía todo el día?". Me canso de estar de pie durante largo tiempo y mantener mis brazos en alto por encima de mis clientes, pero no del flujo de energía. Recuerda que eres meramente un conducto; tú no estás usando o dando tu propia energía. De hecho, estás recibiendo un poco de tratamiento de reiki a medida que la energía fluye a través de tu cuerpo. Yo solía padecer sinusitis dos o tres veces al año, pero desde mediados del 2006 cuando empecé a hacer mucha terapia de reiki, solo he tenido dos. Atribuyo esto al beneficio que recibo de dar tratamientos frecuentes.

Lo que puede que experimente tu cliente

Una persona, cuando recibe un tratamiento de reiki (o durante un autotratamiento), puede recibir tanto beneficios (cambios positivos en estados físicos y emocionales) como experiencias (diversión). Lo que comparto aquí no viene de libros sino de gente a la que he tratado.

Los beneficios

Como mencioné en la sección de introducción, el beneficio más básico del reiki es la reducción del estrés, que naturalmente da como resultado muchos más beneficios mentales y emocionales. Una depresión leve cambia hacia la felicidad, la resistencia cambia hacia aceptación, la ansiedad hacia la paz, la ira hacia la compasión, el miedo hacia la fe y la aflicción hacia buenos recuerdos. A veces les hablo a los clientes acerca del karma y del dharma, el no apego y la integración emocional, si quieren resolver la causa de su mal-estar emocional y físico (significando que no están en un estado natural armonioso) así como de los efectos de ese malestar.

La reducción del estrés naturalmente también da como resultado beneficios físicos. Los dolores de cabeza y las migrañas desaparecen; la migraña inminente nunca se manifiesta; los ataques de ansiedad o asma disminuyen en frecuencia, duración e intensidad; los dolores de espalda y de la ATM (mandíbula) disminuyen o desaparecen; el dolor menstrual desaparece; el entumecimiento desaparece; los senos nasales se abren; el reflujo ácido se endulza; y los niveles de energía aumentan. La recuperación se acelera: la recuperación de una cirugía sucede en la mitad de tiempo con la mitad del dolor esperado por los médicos, y un virus estomacal que normalmente dura cuatro días dura solo dos. Debido a que toda la enfermedad se comprime en menos tiempo, la experiencia probablemente sea intensa. Sigung una vez tuvo un hematoma del tamaño de un huevo como resultado de un combate durante la clase de artes marciales. Uno de los estudiantes que sabía reiki puso sus manos encima durante 15 minutos y desapareció. La mayoría de la gente que tiene problemas para conciliar el sueño o que se despiertan con frecuencia declaran que tuvieron la mejor noche que pueden recordar en el día en el que recibieron un tratamiento de reiki.

De vez en cuando, un beneficio aparece disfrazado de incomodidad o incluso dolor. En raras ocasiones, un cliente desarrollará durante el tratamiento un dolor que no estaba ahí antes de éste. Esto es un bloqueo de energía que se abre de manera forzosa por un flujo de energía fuerte, y el dolor se va al final del tratamiento. Una de mis clientes experimentó palpitaciones en el corazón durante su primer tratamiento, lo cual la asustó mucho ya que le habían diagnosticado problemas del corazón. No tenía intención de volver nunca por más reiki, pero en su siguiente visita al cardiólogo le informaron de que la condición de su corazón había mejorado. Antes de esa visita le habían dicho que su condición era de un tipo que nunca mejoraría y solo empeoraría. Se convirtió en una clienta regular y también en estudiante de reiki.

Los beneficios van desde nada notable (esto es raro) hasta lo que puede llamarse milagroso (también raro). ¿Por qué? Algunos dicen que el reiki requiere creencia, o un tipo de cooperación mental para lograr beneficios. Estoy de acuerdo con esto hasta cierto punto. Sin embargo, cuando trabajé en el Centro R&R (centro de recuperación para militares), los tratamientos de reiki no eran opcionales. Al principio de su primer tratamiento de reiki, algunos soldados jóvenes muy directos estaban encantados de decirme que no creían en "esta m*****" y que solo estaban en mi sala de tratamiento porque no tenían elección. Yo sonreía, suavemente decía "está bien" y procedía. Solo dos de esos soldados que dudaron se fueron al final de su primer tratamiento con la misma opinión ☺. Lo más importante que rige la efectividad de un tratamiento de reiki es el karma. Si es el karma de esa persona (o de acuerdo con el camino planeado por Dios) el mejorarse, el reiki ayudará a que esto suceda. Si la salud perfecta no es tu karma, el reiki no será una cura milagrosa.

<u>La diversión</u>

Ahora respecto a la "diversión". Puede que tu cliente experimente el flujo de energía de manera similar a ti, en forma de calor, vibración, presión, luz, emoción o pensamiento. Me han preguntado muchas veces si utilizo una manta eléctrica durante los tratamientos. Es frecuente que un cliente sienta la energía fluyendo a través de su cuerpo, girando, especialmente en la cabeza, o surgiendo en otro lugar distinto de donde se encuentran las manos del reikista. El cuerpo lleva la energía a donde hace falta. También es frecuente que el cliente note manos fantasma, donde sigue sintiendo tus manos en un área después de que te hayas movido a otra, o siente que hay varios pares de manos en su cuerpo. Mi entendimiento de esto es que los chakras están ahora abiertos y fluyen más fuertemente incluso después de que ya no estés ahí.

Puede que el cliente sienta en su cuerpo una sensación ligera o de flotación, o una sensación densa y pesada de hundirse, lo cual son resultados de un estado meditativo profundo creado por el reiki. Varios de mis clientes han experimentado diferencias en los lados izquierdo y derecho del cuerpo, sintiendo que un lado estaba más alto que el otro, ya sea un peldaño de escalera o como si el cuerpo estuviese inclinado. Un lado del cuerpo puede percibirse de color distinto al del otro. Una vez tuve a un cliente que después de su tratamiento estuvo inspeccionando la parte inferior de la mesa de reiki, buscando cables. Tuvo la intensa sensación de que la propia mesa se había estado moviendo, con la cabeza y los pies elevándose y bajando. Otro, mientras mis manos estaban en sus pies, sintió como si su cuerpo se elevase a casi una posición de estar de pie, con solo sus pies todavía tocando la mesa.

El cliente puede estar despierto, pero también dormido a algún nivel, experimentando un sueño que esté teniendo o memorias vívidas cuyos detalles residen solo en la profundidad de la mente subconsciente. Es frecuente que un cliente ronque y que a la vez sea consciente de que está roncando. Una clienta de hecho pensó que su terapeuta de reiki (una buena amiga mía) se había dormido durante el tratamiento porque escuchó ronquidos, sin considerar que fuera ella misma quien había roncado. Algunas personas sienten la presencia de otros en la habitación, o incluso asistiendo con la terapia (a veces junto a las manos fantasma). Otro cliente se rio a carcajadas con alegría de manera espontánea durante varios minutos cuando mis manos estaban en su chakra de la corona; dijo que el sentimiento le recordaba a la alegría y la libertad de los juegos de la infancia.

Describí varios tipos posibles de "diversión", pero la mayoría de los clientes solo experimentan unos pocos durante un tratamiento. Quizá dos de cada diez experimenten una variedad de sensaciones. Y existe la rara persona que no experimenta nada más que una sensación de paz. Esto no quiere decir que el tratamiento no fuese beneficioso, significa solo que la persona no estaba consciente de la "diversión". Digamos que hay dos personas: una tiene un gran sentido del olfato, la otra no huele casi nada. Si la primera huele una rosa, el diafragma se mueve hacia abajo, introduciendo aire de encima de los pétalos de la flor (junto a partículas minúsculas de los pétalos) a los pulmones. Las partículas de la rosa estimulan los sensores de la nariz, y la información viaja al cerebro. ¡Ah, huele tan maravilloso! Si la segunda huele la rosa, el diafragma se mueve hacia abajo, introduciendo aire de encima de los pétalos de la flor a los pulmones, las partículas de rosa estimulan los sensores de la nariz y la información no viaja al cerebro o el cerebro no la reconoce; todo lo mismo sucedió, pero no hay consciencia consciente de la "diversión". Aquellos en esta situación (incluyéndome a mí antes de empezar mi camino espiritual) desarrollarán mucha más consciencia de la sensación de energía o consciencia con más meditación y exposición a tratamientos energéticos.

Posiciones de las manos y tratamiento

Cómo poner tus manos

Desde mi propia experiencia, no hay manera correcta o incorrecta de poner las manos. Pero a algunos principiantes (como a mí cuando empecé) les preocupa que si ponen las manos de forma incorrecta disminuya la efectividad del tratamiento, así que la forma tradicional es la siguiente:

- Dedos y pulgares están juntos sin espacio entre ellos.
- Pon tus manos una al lado de la otra, con los pulgares y la punta de los dedos índice tocándose (para una superficie compacta y redonda), O BIEN
- Pon tus manos una al final de la otra, con las puntas de los dedos índice y corazón de una mano tocando la base del pulgar de la otra (para una superficie alargada).
- Irradiando: aléjate de tu clienta y apunta la palma de tu mano derecha hacia ella, con tu mano izquierda extendida hacia el Cielo (este es un enfoque "de escopeta" para un tratamiento dirigido a todo el sistema energético de una manera menos intensa).

A veces mantengo mis manos en contacto cuando trabajo chakra a chakra. Otras veces trabajo con dos chakras a la vez, y otras veces tengo mis manos delante y detrás de un chakra. Otras veces puede que ponga mi mano izquierda hacia el Cielo, con mi mano derecha sobre un chakra. Solo hago lo que se siente correcto en el momento. Un punto a tener en cuenta si no utilizas ambas manos en el mismo chakra es que la mano izquierda es la mano receptora y la mano derecha es la que da, así que si usas una sola mano, usa la mano derecha si es posible.

Tocando o sin tocar

Cuando empecé a aceptar pagos por la terapia de reiki, me preocuparon los problemas legales. Algunos estados requieren una licencia para practicar reiki: entra en la categoría de "trabajo corporal" y el reikista debe obtener una licencia de terapia de masaje. Este no es el caso de Texas de momento, aunque ha sido abordado en la legislatura estatal varias veces. El reiki no es trabajo corporal, es trabajo energético: no hay manipulación física de un músculo u otros tejidos. (Por favor, investiga y sigue las leyes de tu país o estado). Aun así, quería ser cuidadosa acerca de la apariencia de practicar masaje sin licencia, así que mi posición de manos fue siempre "sin tocar". Esta pregunta surgió en una clase sobre terapia impartida por Lao Xie en noviembre de 2007. Su guía era que el tacto en sí es terapéutico, así que si podemos, siempre deberíamos de tocar. Así que empecé a usar posiciones de contacto.

Con la práctica, descubrí que mi sensibilidad a la sensación de energía es más fuerte cuando no toco. Entonces, ahora utilizo una combinación de no tocar para evaluar y contacto para tratar. Alrededor del 80% de mis alumnos encuentran esto igual para ellos. Sin embargo, en la mayor parte de los casos, no parece marcar una diferencia para el cliente.

- Contacto: suavemente apoya tus manos en tu cliente, o en ti mismo durante un autotratamiento. Solo debería de haber la presión suficiente de un ligero contacto.
- Sin tocar: las manos están unos pocos centímetros por encima del cuerpo. Encuentra dónde sientes mayor sensación de energía, se siente como un colchón de aire. Lo llamo el "punto óptimo".

Por supuesto, para ser considerado con tu cliente y evitar dificultades legales, nunca toques zonas personales. Utiliza siempre una posición sin contacto para el chakra base. Para ellos, utiliza una posición sin contacto para el chakra sacro; y para ellas, utiliza una posición sin contacto para el chakra corazón. Existe la rara persona a la que no le gusta ser tocada, ni siquiera con un suave masaje sueco, así que asegúrate de preguntar al respecto antes de su tratamiento. También cuida de ti. Si eres muy sensible a la energía de los demás, utiliza las posiciones de no contacto.

Dónde poner tus manos

¿Qué vas a intentar conseguir? ¿Cuánto tiempo tienes? ¿Cuáles son las circunstancias sociales? Todas estas preguntas y más te ayudarán a decidir qué posiciones de las manos quieres usar. Lo más importante: si tienes intuición, confía en ti y utilízala.

Utilices la posición de manos que utilices, simplemente pon tus manos en cada chakra hasta que sientas una sensación suave, que sea constante entre los chakras cuando trabajes con más de uno. A veces un estudiante nuevo con el trabajo energético o las prácticas espirituales puede que no sienta mucha energía mientras hace el tratamiento, o puede que la intuición no le lleve a ningún chakra en particular. Si este es tu caso, puedes usar uno de los mapas básicos que se detallan a continuación.

Y luego está la "solución rápida". Solo pon tus manos donde duele (quizá un dolor de cabeza, sentir ansiedad en el estómago o un tobillo torcido) hasta que se sienta mejor. Todos sabemos que muchas veces la causa de una dolencia no es donde aparece la dolencia. Un dolor de cabeza puede estar causado por estrés, bajo nivel de azúcar en sangre, presión arterial alta, alergias, ojos cansados, olor de pintura o muchas otras cosas. Si no tenemos tiempo para tratar al cuerpo entero, simplemente trata el efecto. Aún así ayuda, incluso si no soluciona todo el problema.

No puedes dar reiki "mal": tan solo estás asistiendo al cuerpo a hacer lo que hace de manera natural. ¿Qué pasa si en tu tratamiento no trabajaste con *todos* los chakras, tuviste que dejar de trabajar en un chakra antes de que se sintiese equilibrado, o piensas que has tratado el chakra equivocado? No te preocupes: recuerda que Sushumna (el canal central) conecta todos los chakras mayores de base a corona, así que trabajar con cualquiera de los chakras afecta a los otros chakras hasta cierto punto. El cuerpo mueve la energía a donde hace falta. Incluso nuestro cuerpo físico atrae la energía a donde hace falta, y hace esto de manera natural al nivel celular para sanarse. Imagina que estás preparando una comida y te cortas el dedo, y luego se infecta. Cada célula de tu cuerpo lo sabe. Se crean más glóbulos blancos en el cuerpo y reciben la información del sistema Nadi, fluyendo todos a través de la sangre justo hacia donde hacen falta: a la infección de tu dedo. Ahí devoran las células bacterianas. ¿Por qué no iba a suceder esto también a nivel energético? Trabajar directamente con los chakras que están bloqueados o que resuenan más o menos intensamente que los demás no es la única manera de hacer una sesión de terapia productiva, es simplemente más eficiente.

Prudencia con ciertos tratamientos

Hay algunas circunstancias en las cuales deberías de limitar la cantidad de terapia que das. Menciono unas pocas aquí que Sigung enseñó como ejemplos, pero usa tu intuición.

- Huesos rotos: usar reiki en una posible fractura de hueso antes de que se establezca correctamente podría ralentizar el proceso de reconstrucción. Los fragmentos del hueso empezarán a regenerarse, redondeando los bordes del hueso astillado, y las "piezas del puzle" no encajarán juntas tan perfectamente cuando sean colocadas. Esto supone más espacio entre los fragmentos óseos, lo que requiere más crecimiento del hueso.
- Niños y mascotas: los niños y las mascotas pequeñas son muy sensibles al reiki, es mejor limitar la duración de cada tratamiento a 30 minutos o menos. Las mascotas te lo harán saber: se irán cuando terminen contigo. Los padres de un bebé recién nacido que tenía una cirugía de corazón programada me pidieron que hiciese un poco de reiki a distancia (consulta Reiki nivel II) para su hijo. Después de meditar sobre la mejor manera de hacer el tratamiento, terminé siguiendo el patrón típico de alimentación de un recién nacido: hice unos 10 minutos cada 2 o 3 horas. Si trabajas en una mujer embarazada, es normal que el bebé empiece a moverse mucho y a patalear, así que esto te indica cuándo termina el tratamiento.

- Enfermedades mentales: el reiki no se recomienda para tratar enfermedades mentales graves que se expresan como dificultad para distinguir entre realidad e ilusión. Experimentar la "diversión" de un tratamiento de reiki podría ser muy perturbador para este tipo de cliente.

Autotratamiento

Para tratarte a ti mismo, puedes trabajar solo con los chakras mayores, o puedes también poner tus manos en cada una de las articulaciones principales y en las plantas de tus pies. Solo haz lo que tu cuerpo te pida. A mí me gusta dar reiki en los chakras mayores por la mañana mientras me ducho. Veo más colores, y la vibración del agua mientras golpea mi cuerpo añade un poco a la experiencia. También he usado reiki por la noche para ayudarme a dormir. Estas son las posiciones de las manos con el orden sugerido.

1 - Corona

2 - 3er Ojo

3 – Glándula pineal (manos en las orejas)

4 – Puerta de Jade

5 - Garganta

6 - Corazón

7 – Plexo solar

8 - Sacro

9 – Base

Tratando a otros

Da un poco de amor

Pon tu mano derecha en el hombro de tu amigo o cliente o en el chakra del huésped (Diamante Yang) durante un saludo o conversación.

El tratamiento de silla

Una de mis alumnas de maestría era profesora de escuela elemental, y cada día cuando entraba en la sala de profesores, ya había una línea formada para recibir sus famosos tratamientos de silla gratuitos. Este tratamiento aborda los ocho chakras mayores y la glándula pineal y es muy útil en un entorno de trabajo, feria de salud o seminario, o en cualquier momento donde solo tengas unos pocos minutos. Empieza en la parte superior y baja, terminando con el canal central al completo. A continuación, se presentan las posiciones de manos sugeridas y el orden.

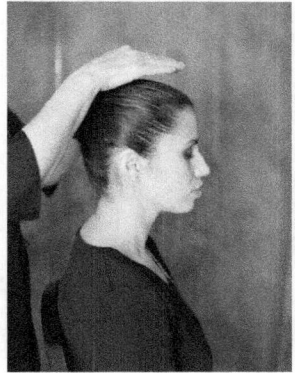

1 - Corona

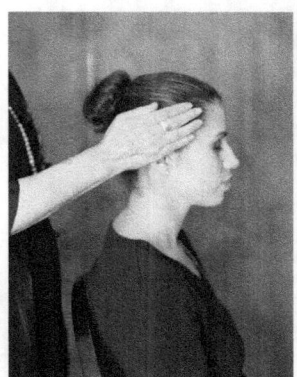

2 - Pineal (manos en las orejas)

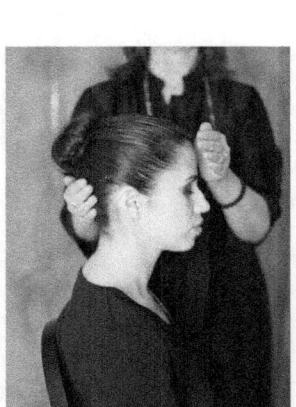

3 – 3er Ojo/Puerta de Jade

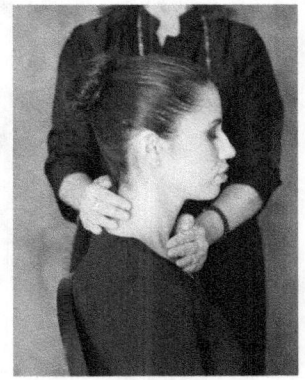

4 - Garganta

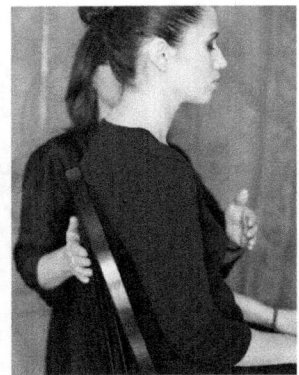
5 - Corazón

6 – Plexo solar

7 - Sacro

8 - Base

9 - Corona/Base

El tratamiento de mesa

Llevarás a cabo un tipo de tratamiento más formal e integral en una mesa. Yo utilizo una mesa de reiki, que es una mesa de masaje modificada: a la cabeza y a los pies de la mesa, los soportes con forma de x para las patas de la mesa típica de masaje se sustituyen por un arco, para que el practicante de reiki pueda sentarse cómodamente y deslizar las piernas debajo de la mesa. Recomiendo ajustar la altura de la mesa a la altura de tu cadera para que puedas apoyarte contra la mesa cuando tus posiciones de las manos requieran que estés de pie. Esto minimiza el estrés en tu espalda causado por estar de pie y mantener tus brazos por encima de tu cliente durante el tratamiento. Y procura poner la mesa de una manera que te permita moverte alrededor fácilmente.

Preparación para un tratamiento de mesa:

- Dadas las circunstancias, crea un entorno lo más agradable y propicio posible. Silencia cualquier ruido, baja las luces y pon música relajante o sonidos de agua. Silencia tu móvil y pide a tu cliente que haga lo mismo. Yo no suelo poner velas aromáticas o incienso porque le molestan a mucha gente, pero los tengo preparados por si algún cliente los pide.

- Para un cliente que viene por primera vez, explícale brevemente qué esperar durante el tratamiento: qué estarás haciendo y qué "diversión" puede que experimenten.

- Pregúntale a tu cliente acerca de sus limitaciones físicas y acomódalas; tales como dificultad para tumbarse de espalda durante largo rato o problemas de reflujo ácido mientras está acostado. Aprendí por las malas que, si no preguntas, seguramente no te lo digan. Una de mis primeras clientas tuvo mucho dolor después de su tratamiento, y era dolor que no tenía antes del tratamiento. Sabía que tumbarse en la espalda le iba a doler, pero no pensó en preguntar si podía estar de lado porque asumió que era necesario estar de espalda para que el reiki funcionase. Si tu cliente padece de reflujo ácido, puedes sostenerle con almohadas la parte superior de su espalda y su cabeza.

- Haz que tu cliente se quite las gafas y los zapatos.

- Lava tus manos. Aparte de ser buena higiene, es un ritual de purificación y preparación.

El enfoque tradicional para realizar un tratamiento de equilibrio general es simple: empieza desde la parte superior con el chakra de la corona o del 3er ojo y luego vete bajando (consulta la secuencia de posiciones de las manos a continuación). Deja las manos en cada chakra hasta que sientas una sensación suave. Si no sientes la energía, simplemente quédate en cada chakra durante cinco minutos: va a funcionar igualmente. Este procedimiento es una especie de mapa para terapeutas nuevos, terapeutas que no sientan mucha energía o terapeutas que no sean intuitivos. Eso se aplicaba a mí cuando empecé mi trabajo con reiki, pero la práctica constante de consciencia mientras hago terapia a lo largo de los años me ha vuelto muy sensible a la sensación de energía. Aún ahora las condiciones ambientales pueden evitar que sienta mucha energía, como si hace mucho frío en la sala de terapias o si corre el aire sobre mis manos.

Si eres intuitivo, trata primero donde sientas que has de hacerlo. Los mensajes vienen de muchas maneras, como pensar en cierto chakra, sentir energía en tu propio cuerpo o sentir una emoción. Luego, sigue realizando un equilibrio general del cuerpo entero. En mi experiencia, practicar transmigración e integración emocional son una manera maravillosa de desarrollar la intuición. Si a tu cliente no le importa ayudarte a aprender, solicita comentarios cuando pienses que has recibido información de manera intuitiva.

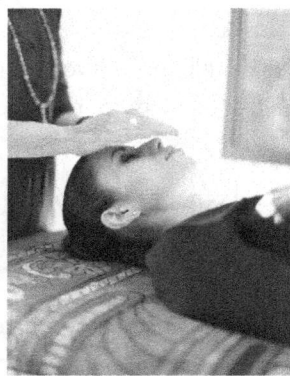

1 - 3er Ojo

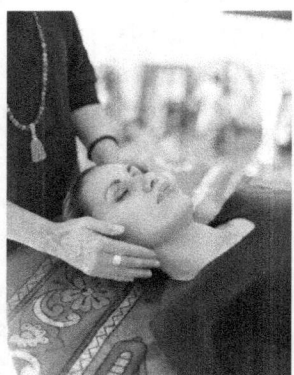

2 - Glándula pineal

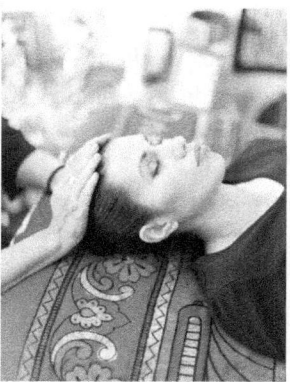

3 - Corona

4 - Puerta de Jade

5 - Garganta

6 - Parte superior de los pulmones

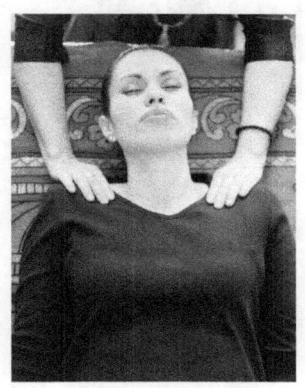
7 - Hombros

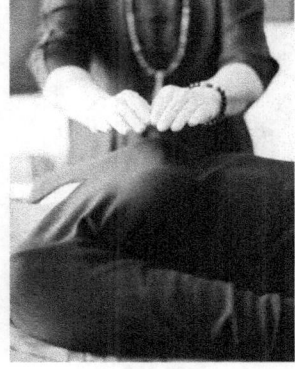
8 - Corazón

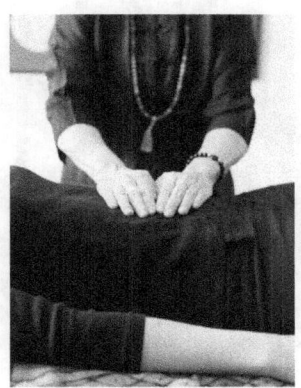
9 - Plexo solar

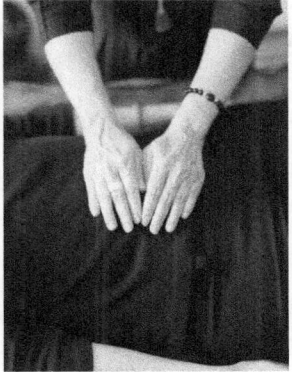
10 - Dan-Tian

11 - Sacro

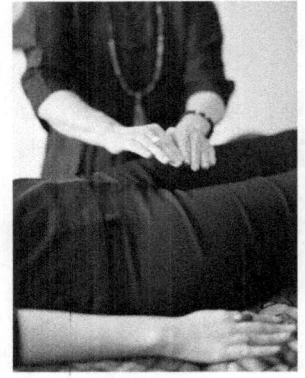
12 - Base

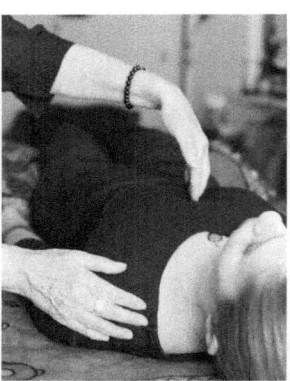
13 - Corazón/Hombro

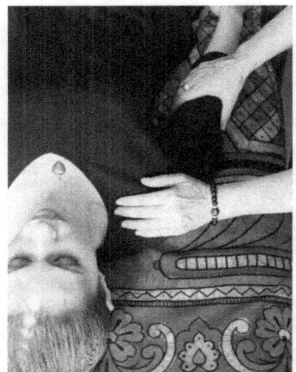
14 - Hombro/Codo

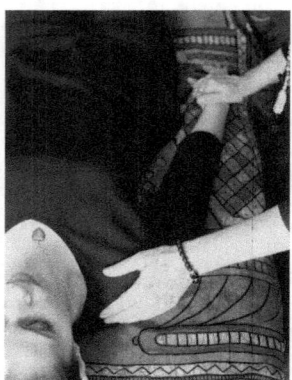
15 - Hombro/Muñeca

16 - Caderas

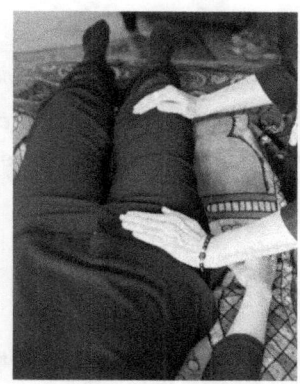
17 - Cadera/Rodilla

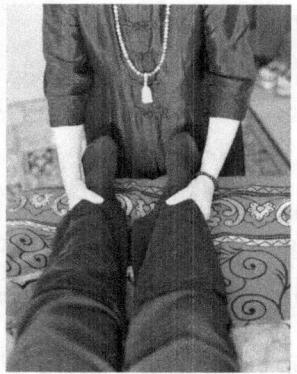
18 - Tobillos

19 - Tobillo/Yong Quan

20 - Yong Quan (ambos)

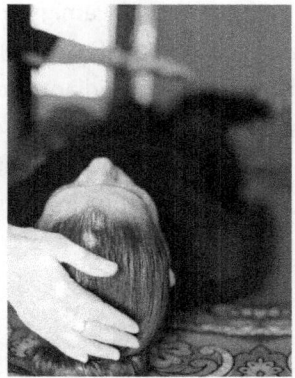
21 - Corona/Base

Después del tratamiento,

- Termina la sesión "cepillando" el aura. Utiliza ambas manos en un movimiento de barrido desde el 3er ojo hasta los pies (unos pocos centímetros por encima del cuerpo), luego hacia la tierra. Este es un paso opcional que personalmente no suelo realizar, pero que a muchos terapeutas les gusta.
- Despierta o trae de vuelta a tu cliente suavemente y ofrécele agua.
- Compartan lo que ambos habéis experimentaron.
- Después de que tu cliente se vaya, puedes cepillar tu propia aura; esto es como quitarte el polvo de la ropa desde los hombros hasta los tobillos.
- Después de cada tratamiento, purifícate lavando tus manos con agua fría y meditando (consulta la sección a continuación de Sugerencias de evaluación y tratamiento).

Terapia grupal

Puedes participar con varios reikistas más para proporcionar un tratamiento grupal para un cliente, cada uno de vosotros concentrándose en una o varias posiciones de manos. Esta es una manera maravillosa de dar un tratamiento intenso y corto. Después de observar y participar en este tipo de tratamiento en entornos sociales, recomiendo que al menos uno de los terapeutas realice un seguimiento con un escaneo de cuerpo entero tras el tratamiento para confirmar que todos los chakras están equilibrados. Además, ten en cuenta que este tipo de tratamiento puede ser abrumador para un cliente empático.

Sigung una vez me permitió invitar a una querida amiga mía a la Academia Xen. Ella había estado en un accidente de coche grave y estaba confinada temporalmente a una silla de ruedas mientras varias lesiones graves se curaban. Seis estudiantes de la clase de Chi Gong hicimos un tratamiento de reiki grupal para ella; dijo que se sintió como estar en el océano, siendo elevada y movida por grandes olas de agua. Lo encontró muy agradable, pero también tuvo problemas para dormir durante unos días debido a la energía que aún fluía por su cuerpo.

Cómo utilizar las técnicas espirituales para ti mismo al dar terapia

Preparación: Entrar en un estado de ser sagrado
- Lava tus manos por buena higiene, y también como símbolo de purificación.
- Reconoce el don y la guía de Usui Sensei, Sigung y Maha, siente su consciencia.
- Practica el estar consciente de ti mismo: de tu cuerpo, tu energía, tus emociones y tus pensamientos.
- Aumenta conscientemente el poder (como preparación personal y protección) de los elementos, la paz, la compasión y los tres soles haciendo unas pocas recitaciones de cada mantra.
- Ábrete al servicio con amor. Libera cualquier expectativa o apego al resultado de tu tratamiento. Apegarte al resultado involucra a tu ego, y también podría influir en el proceso de trabajo de tu cliente a través de su propio karma. "Dios, hágase tu voluntad".

Tratamiento
- Utiliza tus posiciones de manos preferidas, ya sea tocando el cuerpo o simplemente al nivel donde sientas la energía, normalmente unos cinco o diez centímetros por encima del cuerpo.
- Recuerda que no eres tú quien está dando o dirigiendo la terapia, tú solamente eres un conducto de energía, y el cuerpo lleva la energía a donde hace falta.
- Simplemente espera a sentir el cambio. Estás buscando calidez o vibración suave (o como experimentes la energía), la misma intensidad en todos los chakras.

Cierre y renovación
- Expresa gratitud por la oportunidad de hacer que la terapia de reiki esté disponible para tu cliente (o para ti mismo). Inclínate ante tu cliente.
- Después de cada tratamiento, purifícate lavándote las manos con agua fría y meditando un momento.
- Repón en ti el poder de los elementos, la paz, la compasión y los tres soles haciendo unas pocas recitaciones de cada mantra.

Los cinco preceptos

Las enseñanzas de reiki de Usui Sensei incluyen "los cinco preceptos", los cuales expanden el reiki a una forma de vida. Él enseñó que estas afirmaciones deben ser pronunciadas cada mañana y cada noche. El emperador de Japón le había dado estos preceptos como regalo al pueblo japonés durante los muy estresantes días de la llegada (o invasión) del comercio y la cultura occidental, y Usui Sensei posteriormente extrajo la sabiduría del momento presente y la compasión al reiki. Aquí está la redacción tal como la enseña Lao Xie.

1. Mientras vivo en este momento, libero mi ira, frustración, resentimiento y dolor... ya es pasado.
2. Mientras vivo en este momento, libero mi miedo y preocupación... nada ha pasado todavía, aunque puedo elegir crearlo de manera negativa o positiva.
3. Mientras vivo en este momento, tengo gratitud por todo lo que tengo en mi vida.
4. Mientras vivo en este momento, honro a mis antepasados y a mí mismo al comportarme honestamente.
5. Mientras vivo en este momento, tengo respeto por todos los demás y les trato como me gustaría ser tratado.

Sigue el camino medio en mente, cuerpo y espíritu.

Reiki Mahaananda Nivel II

Técnicas Espirituales Nivel II

Los dos primeros Siddhis

Los siddhis son meditaciones contemplativas en una sola palabra que amplían tu percepción. La palabra sánscrita "Siddhi", que se traduce como poder o realización, se refiere a los poderes sobrenaturales que se pueden obtener con la práctica del yoga. El significado de yoga aquí es el original: una disciplina espiritual que lleva a un estado de unión con Dios. Puedes estudiar todos los Siddhis en "Los yoga sutras de Patanjali"

Haz esta meditación en cada siddhi durante aproximadamente 20 minutos cada día, por un período de 33 días; y los 33 días no tienen que ser consecutivos. Termina tus 33 días del primer siddhi antes de meditar en el segundo siddhi. *(No digas la palabra-mantra en voz alta excepto cuando la enseñas o cuando meditas: en conversación puedes referirte al "primer Siddhi" o al "siddhi más pequeño").*

El efecto de la meditación siddhi es como poner una bolsita de té en agua caliente: el sentimiento va a impregnar suavemente a través de ti. Empieza cada meditación siddhi respirando, prestando atención dentro, calmando la mente y observando que estás consciente de ti mismo. Suave y lentamente repite el mantra para ti mismo, finalmente pensándolo en silencio, mientras contemplas el significado. Después de unos minutos, deja ir la contemplación filosófica y permanece en un estado de consciencia mientras repites el mantra. Simplemente estate disponible para el descubrimiento sin hacer ninguna pregunta; una pregunta es demasiado activa. Regresa a la contemplación mental solo si notas que tu mente está divagando, y luego déjala ir otra vez.

Primer siddhi

Filosofía

El mantra es "anima", pronunciado "ánima". Anima significa el nivel más pequeño, más sutil y más suave del universo. Tu objetivo en el primer siddhi es que tu percepción venga de un punto de vista tan pequeño que no puedas percibir nada más que ondas de energía o vibración. Es tomar consciencia de la existencia al nivel del espacio entre los átomos, al nivel de la sustancia universal que constituye todo y está entre todo. Practicar este siddhi te ayudará a soltar tu sentido de definición individual (tu identidad) por un tiempo, para que puedas desapegarte de ella.

Meditación

Cierra los ojos, ve dentro de ti y respira. Sé consciente de que estás consciente. Relaja tu cuerpo; empieza a relajar el punto de vista de tu percepción. Presta atención a tu cuerpo. ¿Cómo se siente desde dentro? Empieza a prestar atención a tu piel, luego a tus músculos, luego a tu sistema de órganos, luego a tu hígado (reacciones químicas), luego a las células de tu hígado, luego a los átomos, y luego al espacio entre los átomos. Más y más pequeño, hundiéndote entre las partículas, perdiendo densidad. Finalmente, tu percepción es tan sutil que nada más es definido. Déjate desaparecer. Tu consciencia se absorbe en la sustancia más minúscula, sutil, suave y quieta en la base de todas las cosas. Estás contemplando la consciencia suprema, el tejido del universo.

Escribí esto en mi diario de meditación cuando empecé a meditar en el primer siddhi: "es la más delicada de las vibraciones. Las vibraciones más brutas de la consciencia física, emocional y mental ya no se perciben. Mi sentimiento de identidad, de mí misma, se disuelve. Soy como una gota de agua, pero sin ser gota, en la profundidad del mar más profundo, donde ninguna ola puede molestarme. Todo de lo que soy consciente es esta vibración delicada, en todas partes. Puedo escuchar la vibración, el tarareo casi imperceptible; es el sonido de Om".

Segundo siddhi

Filosofía

El mantra es "mahima", pronunciado "*má*jima". Significa la consciencia que lo penetra todo, la más inmensa, la más grande. Tu objetivo es expandir tu percepción a la inmensidad de toda la creación. Es la visión universal de la vibración de anima; eres consciente de esta vibración ya que se manifiesta incluso al nivel de las galaxias a través del baile de los cinco elementos. Con el primer siddhi, llegas a un punto de percepción tan pequeño y tan sutil que la inmensidad se revela naturalmente y caes en la consciencia del segundo siddhi.

Meditación

Cierra tus ojos, ve a dentro y respira. Sé consciente de que estás consciente. Presta atención a tu cuerpo físico y luego a tu cuerpo como consciencia manifestada. Poco a poco expande tu percepción más allá de tu cuerpo; a la habitación en la que estás sentada, al edificio en el que estás, al vecindario, a la ciudad, al planeta, al universo. Deja ir los límites de tu consciencia. Expándete a la sustancia universal, que está hecha del *potencial de toda la creación* (los cinco elementos). Hazte consciente de los elementos, fluyendo todos juntos. Siente la Tierra, las estrellas y las galaxias. No es que te hagas más grande; simplemente te haces consciente de que tú y tu consciencia ya existen en todo el universo. Piérdete en la inmensidad. Observa todo en el universo desde el punto de vista del universo. El flujo de consciencia en una flor minúscula es el mismo que el flujo en una estrella enorme.

Mi entrada del diario para el segundo siddhi fue "No soy una gota de agua en el océano. Soy el océano; la gota de agua está dentro de mí. El universo reside en mí."

Transmigración

La transmigración es una técnica que utilizas para saborear e influenciar el estado de ser de otra persona; en otras palabras, para evaluar y tratar a tu cliente. Transmigrar es expandir la consciencia de tu propia consciencia para incluir también a tu "objetivo"; te haces consciente del estado de ser del otro, y luego lo afectas. Como tu alma existe en todas partes y no solo en tu cuerpo, puedes elegir ser consciente fuera de tu cuerpo. Tu meditación en los dos primeros siddhis te ayudará a lograr esta percepción expandida.

Encuentra a un compañero que esté abierto a estos conceptos para unirse a ti en esta práctica; cada compañero por turnos hará la práctica activa y luego la receptiva. Haz lo posible para estar atento y relajado para sentir los efectos de las actividades descritas aquí, porque pueden ser bastante sutiles. Recuerda que ya haces esto, ahora solo estás afinando tu consciencia para que sea de manera consciente. Comparte tu experiencia con tu compañero y ayúdense mutuamente.

Influyendo en el Chi

Estos son seis ejercicios simples que demuestran que tu percepción, o alma, se extiende fuera de ti y que puedes afectar las cosas fuera de tu propio cuerpo. La energía, o el chi, es consciencia tangible, y podemos afectarla simplemente prestándole atención.

- <u>Primer ejercicio</u>: *(Este es el mismo ejercicio que hiciste en Reiki Nivel I para practicar el sentir energía)*. Puede ser hecho con tu propia mano o con la mano de un compañero. Con tu mano derecha, apunta con uno o dos dedos a la palma de tu mano izquierda desde varios centímetros de distancia. Presta atención a la palma izquierda y, enérgicamente, dispárale energía desde los dedos de la mano derecha. Siente el efecto de calor o vibración en la mano izquierda. Puedes mover tu mano derecha en movimiento de espiral o circular para ver cómo se siente. Luego, los dedos que apuntan de tu mano derecha, muévelos lentamente hacia abajo por tu brazo izquierdo hasta el codo, y de vuelta hacia arriba. Comparte tus experiencias con tu compañero.

- <u>Segundo ejercicio</u>: Ponte de pie a metro y medio de tu compañero. Con tu mano derecha, apunta con uno o dos dedos y dispara chi enérgicamente a la palma izquierda extendida de tu compañero, quien se concentra en sentirlo.

Dirigiendo energía a la mano propia   Dirigiendo energía a la mano de otro

Técnica para transmigrar

A continuación, pasaremos de dirigir energía a prestar atención dentro de tu cliente. Así es como yo transmigro:

- Presta atención dentro (hazte consciente de ti mismo).
- Obsérvate a ti mismo consciente de ti mismo.
- Suavemente expande tu consciencia para incluir a tu cliente; no hay separación, no hay diferencia.

Cuando empecé a probar esto en 2009, no era capaz de hacerlo; experimenté mucho hasta que al final tuve éxito. Estos son otros métodos usados por mis amigos espirituales, así que, si al principio no logras transmigrar fácilmente, quizá alguna de estas técnicas te ayude.

- Concéntrate en tu cliente hasta que te veas a ti mismo como un cuerpo chiquitito dentro del cuerpo de tu cliente. Desde ahí, observa.
- Presta atención a tu cliente hasta que sientas una emoción, y luego sigue a la emoción dentro.
- Medita en el primer siddhi hasta que sientas que te has hecho muy pequeño. Luego ve a dentro de tu cliente, *conviértete* en tu cliente y presta atención.
- Si no puedes sentirlo, imagínalo. Luego tu experiencia real seguirá.

Si todavía parece imposible, te recomiendo que pruebes la integración emocional, centrándote en las negaciones. Quizá haya miedo, orgullo o vergüenza bloqueando tu experiencia.

Ejercicios de transmigración

Transmigrando en el agua

Toma una botella cerrada de agua, ábrela y toma un trago. ¿A qué sabe? ¿Saboreas los minerales por los lados y en la parte posterior de tu lengua, la dulzura, incluso la consistencia del agua? Siente la energía que emana del agua a tu cuerpo mientras fluye a tu estómago. ¿Cómo se siente?

- Tercer ejercicio: Sostén la botella de agua en tu mano izquierda y pon tu atención en el agua por unos pocos minutos, haciendo lo posible para "convertirte" en el agua. Ahora pruébala de nuevo. Esa diferencia sutil en el sabor y la sensación es la influencia que tu alma tuvo en el agua, porque la observaste.
- Cuarto ejercicio: Ahora presta atención al agua y recita uno de los mantras que hayas aprendido, por ejemplo, paz, hasta que lo sientas fuertemente en tu cuerpo. Toma un trago del agua. Cuando sientas la energía que ésta emite por tu cuerpo, mira si se siente como algo parecido a "paz".

Transmigrando en una botella de agua

Transmigrando en una persona

Siéntate frente a tu compañera, lo suficientemente cerca como para que las rodillas casi se toquen.

- Quinto ejercicio: Tu compañera pone la parte exterior de su mano izquierda en su rodilla izquierda, presentándote la palma izquierda. Presta atención dentro de ti misma, respira y permanece presente. Luego, expande tu atención a la palma izquierda extendida de tu compañera (prestas atención dentro de ti y a la palma de tu compañera). Ahora, ve dentro de la mano, *sé* la mano. En silencio, recita un mantra o siente un estado de ser durante unos 30 segundos. Compartan su experiencia mutua: cómo se sintió cuando observaste, y luego cómo se sintió cuando hiciste el mantra.
- Sexto ejercicio: Presta atención dentro de ti misma, y también al torso de tu compañera: chakra de la garganta, del corazón o del plexo solar. Ve adentro del torso. En silencio, recita un mantra o siente un estado de ser durante unos 30 segundos. Compartan mutuamente sus experiencias de observación y de los mantras.

Transmigración en la mano

Utilizando la transmigración durante una terapia

Protégete

Recitar el mantra de Tierra te ayudará a protegerte de ser afectado por el estado mental y emocional de aquellos con los que interactúas. Incluso aquellos que parecen estar limpios y estables pueden estar sufriendo de agitación mental o de emociones reprimidas.

Si ya has sido afectado, los mantras de paz y compasión y la integración emocional te ayudarán a recuperar la paz y la estabilidad mental, y aliviarán a tu corazón del dolor, ya sea oculto u obvio. Y la integración también te brindará mayor sensibilidad: cuando alivias un bloqueo mental o una obstrucción emocional, es mucho más fácil percibir los mundos sutiles e incluso interactuar con ellos.

Evaluación (Observación)

- Transmigra en tu cliente utilizando la técnica que mejor funcione para ti. En este punto, puede que te hagas consciente de una emoción, depresión, o de la localización del dolor; puede que sientas y entiendas que una emoción es la causa del dolor físico. Quizá solamente sientas la consciencia de tu cliente sin interpretar nada. Está bien si no sientes nada, aún serás capaz de afectarle de manera positiva.

Tratamiento (Estado de ser)

- Una vez eres consciente de tu existencia en tu cliente, cambia tu propio estado de ser para afectarle.
    - Recita mantras (que ya hayas cargado) que sean eficientes para la terapia, como los mantras elementales menores o los mantras más específicos de bienestar.
    - O simplemente húndete en un estado de ser, como paz o felicidad.
- Utiliza estas técnicas junto al reiki: el reiki simplemente fluye porque actúas como conducto. Cuando transmigras y usas mantras, invocas deliberadamente el poder terapéutico de un estado de ser (mantras).

El Alma Serena

Este mantra trae paz, felicidad y una consciencia poderosa del alma en el cuerpo. Es muy útil para la depresión.

"Om mama Om mama Om mama
Atma sukhi bhava sukhi bhava sukhi bhava
Atma shanti shanti shanti
Avaham avaham avaham"

Om	"om"	Sílaba universal
Mama	"mama"	Madre divina, dos veces
Atma	"atma"	El alma
Sukhi	"suqui"	Felicidad
Bhava	"baba"	Generar
Shanti	"shanti"	Paz
Avaham	"abajam"	Hacer que exista (Amén)

El mantra del alma serena invoca la consciencia reconfortante y cuidadora de la Madre Divina para que te cuide y ayude a tu alma a generar felicidad y paz. Recitar cada frase tres veces afecta a la mente, al corazón y al cuerpo.

Cargar este mantra para ti mismo: haz un mala al día durante 41 días.

Cargar este mantra para ayudar a otros: haz un mala al día durante 108 días. Puedes hacerlo en menos tiempo haciendo hasta cuatro malas al día, pero es mejor no terminar el proceso entero en menos de 41 días.

Los Mantras de Bienestar

Cargar los cinco mantras elementales de tierra, fuego, cielo, agua y aire trae una consciencia más elevada del potencial de toda la creación, y con esto, una habilidad más poderosa de manifestar y transformar con terapia. Cargar los mantras de paz, compasión y tres soles trae estados de ser simples que son los más poderosos para la evolución espiritual. Los mantras de bienestar serán naturalmente más poderosos para ti si ya has cargado estos mantras elementales y "generales" porque crean la base para las propiedades terapéuticas más específicas de los mantras de bienestar.

Carga estos mantras en cualquier orden usando la fórmula de 9 malas al día durante 12 días consecutivos (o un mala al día durante 41 días consecutivos para los mantras más largos, estos se indican a continuación).

La mayoría de los estudiantes estudian estos mantras para poder ayudar a otros, sin embargo, mientras los cargues, piensa solo en tu propio cuerpo y emociones para que sus propiedades formen parte de ti. Empieza por respirar, presta atención dentro, calma la mente y observa que estás consciente de ti mismo. Contempla el mantra, céntrate en lo que necesite terapia dentro de ti y haz tu japa.

Purificación del cuerpo

Este mantra purifica tu cuerpo sobrenaturalmente.

"Om Dhim Hrim Deha Prakshalana"

Om	"om"	Sílaba universal
Dhim	"dim"	Sustancia física
Hrim	"jrim"	Purificación
Deha	"*de*ja"	Cuerpo o envoltorio
Prakshalana	"praksha*la*na"	Limpiar o purificar

Visualiza a la Madre Divina derramando agua limpiadora por encima y a través de tu cuerpo. Hay radiación dorada en el agua y en tu cuerpo. Dhim es el concepto de lo divino encarnado en tu cuerpo, así que Dhim Hrim significa purificación divina. Transforma tu cuerpo a su estado puro original. Deha prakshalana expresa de nuevo la limpieza del cuerpo. Puedes usar este mantra para tratar infecciones virales o bacterianas, cándida, alergias o una picadura de insecto entre otras cosas. También lo he usado para tratar tumores.

Regeneración del cuerpo

Este mantra trata el daño físico en tu cuerpo.

"Om Dhim Ra Ra Deha Siddhyaroga"

Om	"om"	Sílaba universal
Dhim	"dim"	Sustancia física
Ra Ra	"rra rra"	Activación
Deha	"*de*ja"	Cuerpo o envoltorio
Siddhi	"sidi"	Perfección o empoderamiento
Aroga	"a*ro*ga"	Salud

Obliga a tu mente a imaginar y luego *saber* que tu cuerpo está perfectamente sano y fortalecido desde el nivel de las células hasta todo el cuerpo, y siente gratitud hacia la Madre Divina. Dhim Ra Ra activa las energías divinas en el cuerpo. Deha Siddhyaroga significa que mi cuerpo está en perfecto estado de salud. Utiliza esta forma de mantra para mejorar la salud general.

Para una dolencia específica, céntrate en la dolencia. Sustituye "Deha Siddhyaroga" por "(esta parte del cuerpo) está perfectamente sana" en tu propio idioma. Por ejemplo, "Om Dhim Ra Ra mi tobillo está perfectamente sano". Utiliza este mantra para tratar un tobillo torcido, el músculo del corazón después de un ataque de corazón, una úlcera de estómago, etc.

Sanación de heridas emocionales

Este mantra trae felicidad y paz a tu corazón.

"Om Klim Ra Ra Hrdaya Sukhi Shanti"

Om	"om"	Sílaba universal
Klim	"klim"	Deseos y sentimientos
Ra Ra	"rra rra"	Activación
Hrdaya	"jrdaya"	Corazón físico o emocional
Sukhi	"suqui"	Felicidad
Shanti	"shanti"	Paz

Obliga a tu mente a imaginar y luego *saber* que tu corazón se encuentra en perfecta armonía y felicidad, y siente gratitud hacia la Madre Divina. Suavemente acepta las emociones que sientes, pero céntrate en la actitud de calmar al corazón. Klim es la experiencia del anhelo emocional; Klim Ra Ra invoca energías divinas para calmar el sufrimiento de los apegos.

Utiliza este mantra para tratar un corazón roto o una depresión.

Despejando pensamientos negativos

Este mantra transforma la mente y el corazón negativos a un estado de ser positivo.

"Om Aïm Klim Hrim Jaya Bodhicitta Mangala"

Om	"om"	Sílaba universal
Aim	"aím"	Sabiduría o conocimiento
Klim	"klim"	Deseos y sentimientos
Hrim	"jrim"	Purificación
Jaya	"*lla*ia"	Victoria
Bodhicitta	"bodi*chi*ta"	Mente y corazón perfectos
Mangala	"*mang*ala"	Favorable o positivo

Siente gratitud hacia la Madre Divina por la ayuda para mantener tus pensamientos y emociones puros y positivos. Durante tu práctica, haz lo posible por no pensar en la cosa concreta que te provoca pensamientos pesimistas: la terapia más poderosa viene de la actitud general de que *todo* está siempre bien, de que ves *todo* como algo positivo. Puedes cargar este mantra con la fórmula de 9 x 12, o 1 mala al día durante 41 días.

Mantra de los pensamientos positivos

"Om Jaya Bodhicitta"

Este mantra significa victoria de la mente y del corazón perfectos. Utiliza esta porción del mantra para despejar pensamientos negativos cuando necesites pensamientos positivos inmediatos; una solución rápida. Si ya has cargado el mantra para despejar pensamientos negativos, no necesitas cargar este. Si no has cargado todavía el mantra para despejar pensamientos negativos, carga este usando la fórmula de 9 x 12.

Purificación de dependencias químicas

Casi todo el mundo vive con algún nivel de dependencia o anhelo de alcohol, drogas, cigarrillos, cafeína, azúcar, sal u otra substancia (me referiré a este objeto de nuestra dependencia como "galleta"). El cuerpo llora y anhela su galleta cuando le falta en el torrente sanguíneo, y el corazón y el cuerpo lloran el hábito emocional de comer la galleta: expresamos amor y cuidado por nuestro ser, o incluso disfrutamos nuestra identidad, cuando comemos la galleta. Por ejemplo, si dejas de tomar descansos en el trabajo para ir a fumar, podrías tener la sensación de que ya no te das permiso para una pausa para aliviar el estrés. O si empiezas una dieta baja en carbohidratos y dejas de comer tortillas, puede que eches en falta la sensación de tu herencia latina. Dejar de comer la galleta puede traer un sentimiento de estar perdido y solo. Tratamos la dependencia a las galletas con una combinación de purificación física de la sangre y de independencia mental y amor propio. Los siguientes pasos te guiarán para ayudarte a ti mismo, pero la integración emocional es esencial para el éxito.

Preparándote para dejar de comer tu galleta

Quizá no estés totalmente preparado para dejar de comer tu galleta por completo, pero quieres probar las aguas para ver cómo sería, o quieres empezar a trabajar en dejarla pasito a paso. Pasa un día sin comer la galleta. Al final del día, pon la galleta delante de ti, y mientras la observas, recita un mala del *mantra de purificación de dependencias químicas* (MPDQ) explicado a continuación. Esto despertará el anhelo, permitiéndote sentir y observar la experiencia para integrarla. Al día siguiente puedes seguir comiendo tu galleta de nuevo.

Una vez estés lista para dejar de comer tu galleta por completo

Una vez estés lista para dejar de comer tu galleta, no la comas en absoluto durante 12 días. Durante cada uno de esos días, recita 9 malas del MPDQ de una sentada (o hazlo entre 50 minutos y una hora). Cada vez que tengas una reacción (física o emocional) a la ausencia de tu galleta, préstale atención, siéntela, y haz tu integración emocional. Si rompes el proceso, ya sea porque te saltas un día de hacer los mantras o te comes una galleta, empieza el proceso entero de nuevo desde el día uno.

Después de que pasen los 12 días, haz un mala de cada uno de los cinco elementos y tantos malas del MPDQ como quieras cada día. Haz esto hasta que pienses "sería bueno o maravilloso comer una galleta", pero puedas observarlo sin mucho sufrimiento. Tras este punto, por favor no te tientes poniendo galletas a tu alrededor, o quedando con gente que come galletas.

Mantra de purificación de dependencias químicas (MPDQ)

Este mantra purifica tu cuerpo y sangre y te ayuda a romper hábitos emocionales.

"Om Dhim Hrim Krim Deha Raktaamala Swaasthya"

Om	"om"	Sílaba universal
Dhim	"dim"	Sustancia física
Hrim	"hrim"	Purificación
Krim	"krim"	Romper hábitos
Deha	"deja"	Cuerpo o envoltorio
Raktaamala	"ráktamala"	Sangre (Rakta) pura (Amala)
Swaasthya	"suastia"	Autonomía, autosatisfacción

El mantra bija Krim invoca la consciencia de Kali, una forma femenina de Shiva. Ella gobierna los estados de ser inherentes a los ciclos de cambio.

Cuando recites el mantra, presta atención dentro, simplemente sentándote contigo mismo. Estás completamente autocontenido, sin necesitar nada más que a tu Ser. Concéntrate en tu cuerpo, tu corazón y tu mente. Intenta sentir y observar las emociones que surgen, con la actitud de hacer esto como un regalo para ti. Encuentra amor propio si puedes, o al menos encuentra autosuficiencia (confianza en ti mismo o apoyo propio). Cuando las emociones surjan, integra. Luego vuelve a tu meditación. *Por favor, consulta la sección de Swaasthya para una enseñanza más completa.*

~~~~~~~~~~~~~~~~~~~~~~~~~

Consulta las Sugerencias de evaluación y tratamiento al final de la sección de Nivel II. Ahí encontrarás más información acerca de cómo utilizar estos mantras, y también *cómo cuidar de ti mismo antes y después de dar tratamientos.*

Empoderamiento de símbolos esotéricos

Todo está hecho de consciencia. Todos los símbolos que dibujas sostienen de manera natural la consciencia infundida por tu intención de influir en los estados de ser. Los símbolos de reiki también sostienen la consciencia de Usui Sensei que se te transmitió durante tu iniciación, y el Reiki Mahaananda enseña cómo puedes darles aún más poder a través de la práctica del Kuji-Kiri. El Kuji-Kiri, una tradición budista esotérica, es una forma de lanzamiento de hechizo usada principalmente para terapia. Primero empoderas tus manos y luego utilizas tus manos empoderadas para empoderar un símbolo. La sección final presenta la técnica para empoderar herramientas terapéuticas.

Empoderamiento de la mano

Para empoderar tu mano, harás un proceso de 2 minutos que involucrará enfoque y dibujo. Pero, antes de empezar, dedica un tiempo a familiarizarte con los kanji japoneses (caracteres chinos) de poder, mano y energía.

Ryoku "rioku"	Te "tai"	Se-i "sei"
Poder	Mano	Energía espiritual
力	手	精

La mano derecha significa dar o proyectar, por lo que es la mano que empoderarás. Empieza por hacer el mudra de la espada (sosteniendo los dedos anular y meñique con el pulgar, y apuntando con el índice y el corazón, como hiciste en los ejercicios de transmigración). Observa tu mano y transmigra en ella (imagínate dentro de ella). Visualiza tu mano brillando con luz, condensando energía poderosa intensamente. Cuando tengas la sensación de la energía, di "Ryoku, Te, Sei" en alto mientras visualizas los símbolos kanji en tu mano.

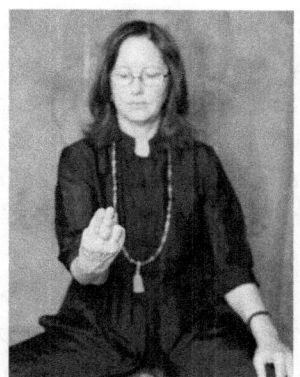
Empoderando la mano

Consulta la sección siguiente de "Cómo dibujar los símbolos de empoderamiento de la mano" antes de continuar.

Luego, manteniendo tu mano en el mudra de la espada, dibuja los símbolos en el aire delante de ti, uno encima de otro, sabiendo que los estás dibujando en la sustancia del universo. Visualiza los símbolos brillando con luz cuando los dibujas. Justo antes de que termines de dibujar cada símbolo, di la palabra japonesa correspondiente en alto. Cuando termines de dibujar los símbolos, descansa tu mano derecha en tu regazo o delante de ti, y concéntrate de nuevo en acumular energía en tu mano.

Haz este proceso completo de concentrarse y dibujar durante 2 minutos, repitiendo al menos 3 veces, a diario durante 9 días seguidos. Puedes empoderar la mano izquierda cada día después de empoderar la derecha, si quieres.

Empoderamiento de los símbolos

Ahora que tu mano tiene poder, la vas a utilizar para empoderar los símbolos de reiki que se presentan en las secciones de Reiki Nivel II y Maestría de Reiki de este libro.

(Opcional: si quieres dibujar los símbolos con ambas manos, dibuja primero con la derecha y luego con la izquierda cada vez que veas "dibuja el símbolo". Asegúrate de visualizar que es solo un símbolo que trazas dos veces, no dos símbolos separados).

Paso 1: Dibuja el símbolo en papel (o mira un dibujo) y medita en el concepto que representa. Quieres el *sentimiento* del concepto más que su *pensamiento*, así que procura no usar palabras.

Paso 2: Dibuja el símbolo una vez en el aire delante de ti usando el mudra de la espada. Cierra tus ojos y visualízalo creciendo más y más poderoso con energía radiante y luz (utiliza el color que quieras). Observa el símbolo flotando delante de ti durante 10-15 segundos. Luego observa el símbolo acercándose a ti lentamente, y luego entrando a tu chakra del tercer ojo. Se disuelve en tu cerebro, luego en tu sistema nervioso al completo, durante un periodo de unos 10-15 segundos. Recita el nombre del símbolo como un siddhi, repitiéndolo lentamente en tu mente.

Dibuja el símbolo una segunda vez delante de ti, poderoso y radiante. Déjalo flotar durante 10-15 segundos, y luego tráelo lentamente a tu chakra del plexo solar. Observa al símbolo sumergirse en todo tu abdomen con su energía. Recita el nombre del símbolo de nuevo como un siddhi.

Dibuja el símbolo una tercera vez delante de ti, poderoso y radiante. Déjalo flotar y luego visualiza el símbolo haciéndose más y más grande, y tráelo a tu cuerpo entero. Cubre y llena tu cuerpo con la energía del símbolo. Mantén el nombre del símbolo como un siddhi en tu mente.

Paso 3: Medita durante al menos 15 minutos en la energía y el concepto del símbolo, sumergiéndote en el sentimiento sin palabras. Observa el símbolo tanto como te haga falta.

Haz esta meditación de empoderamiento durante 9 días con cada símbolo.

Pinceladas adecuadas

La sección siguiente muestra el Ryoku Te Se-i y una selección de otros símbolos útiles, demostrando la técnica a emplear apropiada para dibujarlos. El esfuerzo atento de prestar atención a las pinceladas adecuadas involucra tanto a tu atención como a tu intención en el proceso de empoderamiento.

Recuerda que el cuerpo de sabiduría del Reiki Mahaananda solo requiere el uso y empoderamiento de Ryoku Te Sei y los cuatro símbolos de reiki originales. Consulta las secciones de Reiki Nivel II y III acerca de los símbolos de reiki para ver cómo dibujarlos, junto a sus significados y usos. Los otros símbolos que se incluyen aquí (Reiki Mahaananda, los kanji originales de los símbolos de reiki, los cinco elementos y otros símbolos útiles) se presentan para aquellos que los encuentren geniales. Puedes usar estos símbolos en terapia, para limpiar un espacio o para infundir un estado de ser a una situación (o cualquier otra cosa que puedas imaginar).

Cómo dibujar los símbolos de empoderamiento de la mano

 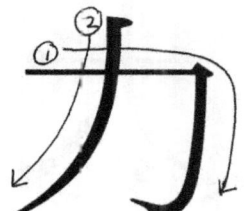

Ryoku / Power

 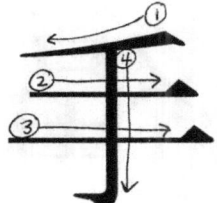

Te / Hand

 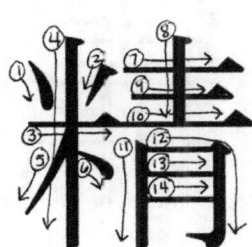

Se-i / Spiritual Energy

Cómo dibujar "Reiki Mahaananda"

Maha (Great)

 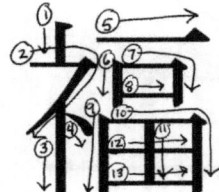

Ananda (Bliss)

 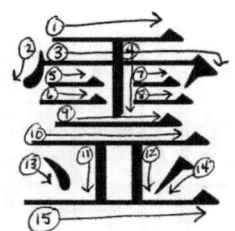

Rei (Spiritual, or Universal)

 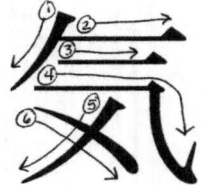

Ki (Nature, or Life Force Energy)

Cómo dibujar los Kanji originales de los símbolos de reiki

Kanji originales Hon Sha Ze Sho Nen

Hon 本   Sha 者   Ze 交   Sho 所   Nen 念

(Los kanji más visibles y presentados aquí son los kanji Hon Sha Nen).

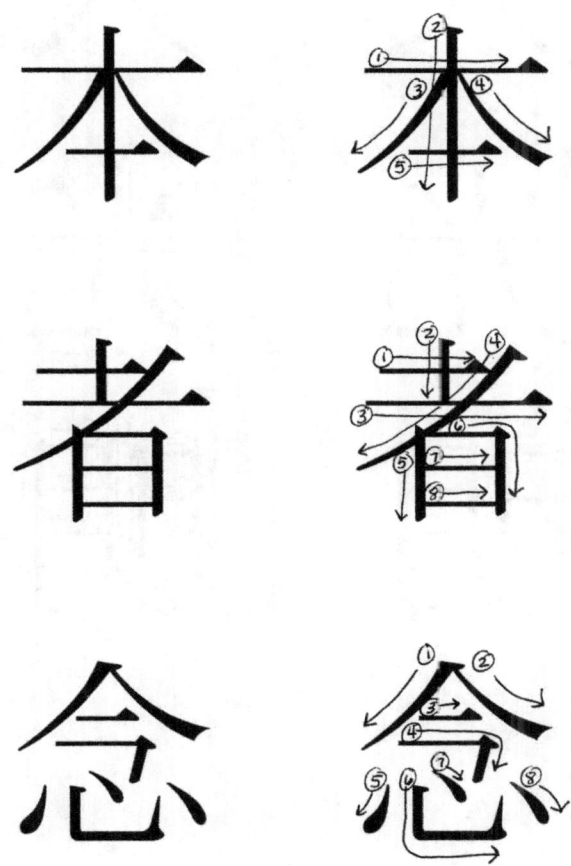

Kanji originales Dai Ko Myo

Dai 大　Ko 光　Myo 明

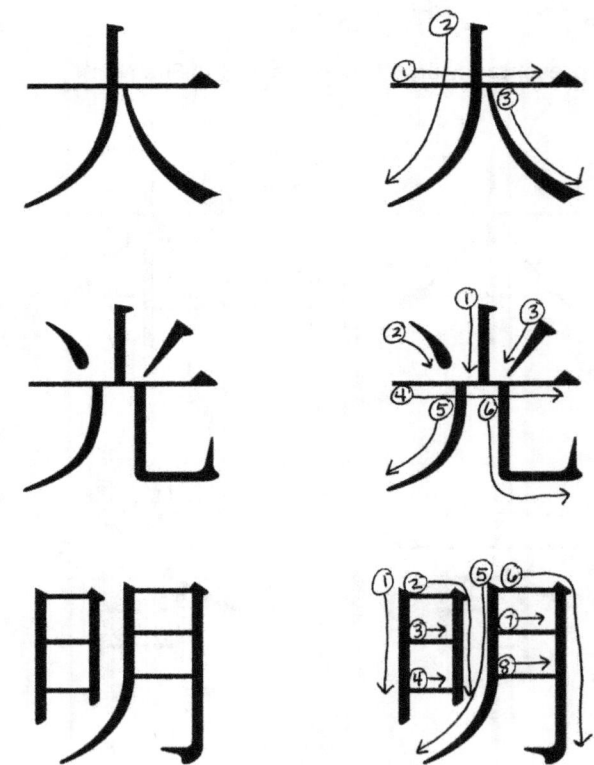

Cómo dibujar los kanji de los cinco elementos

 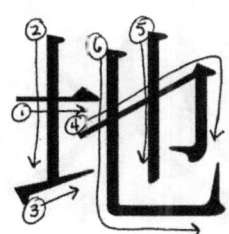

Chi / Earth

 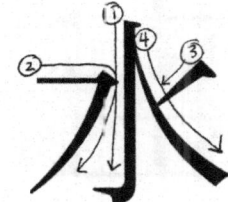

Sui / Water

 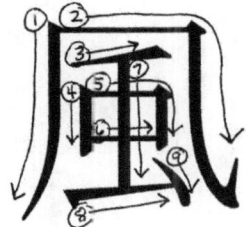

Fu / Wind, Air

Ka / Fire

 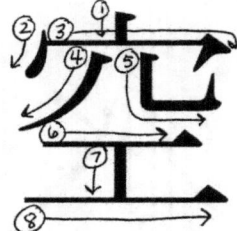

Ku / Void (Sky)

Cómo dibujar otros kanji útiles

 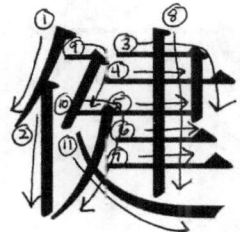

Ken / Health

 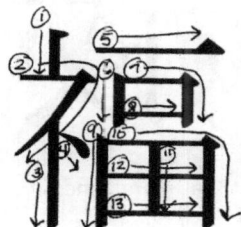

Fuku / Happiness

Tai / Peace

Ai / Love

 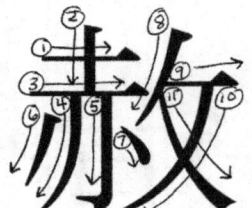

Sha / Forgiveness

 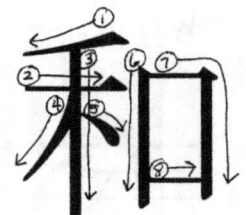

Wa / Harmony

同情

Dou Jou / Compassion (Same Feelings)

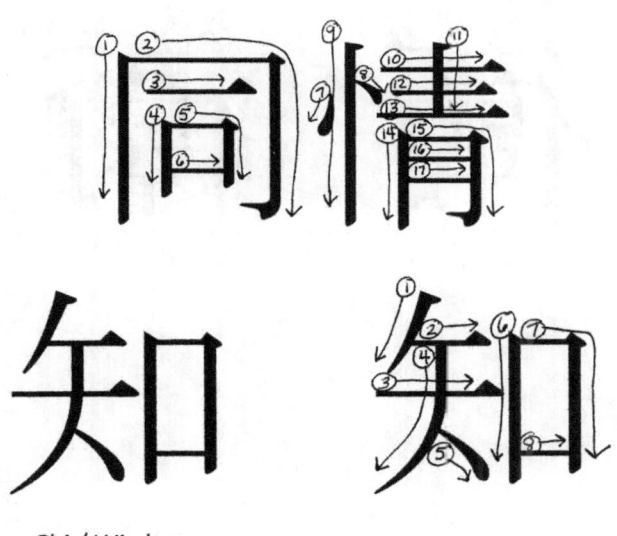

知

Chi / Wisdom

真

Shin / Truth

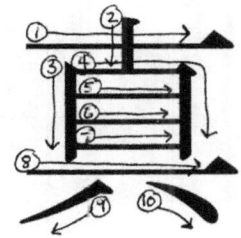

 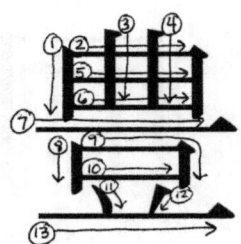

Ho-u / Abundance

 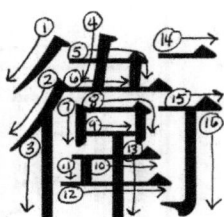

Ei / Protection

Raku (Lightning bolt)

Algunas tradiciones de reiki reconocen Raku como un símbolo de reiki. El Reiki Mahaananda no lo hace, pero puedes dibujarlo como parte de tu tratamiento. Utiliza este símbolo para limpiar energía negativa y cortar a través de la ilusión. Dibújalo en el aire con un movimiento rápido y enérgico.

Empoderamiento de herramientas

Una vez tu mano esté empoderada, puedes utilizarla para empoderar otras herramientas como cristales, botellas de aceites esenciales, salvia o incluso tarjetas de "recupérate". El empoderamiento amplifica las propiedades inherentes a la herramienta. Simplemente sostén el objeto (o su recipiente) en tu mano derecha y visualiza la luz radiante de poder y energía espiritual infundiendo las herramientas. Visualiza los símbolos (力精 Ryoku Se-i) en tu mano empoderada, irradiando luz blanca a la herramienta mientras los símbolos kanji aparecen espiritualmente en la herramienta. Este empoderamiento puede llevar desde unos momentos a unos pocos minutos.

Chakras, alma y evolución

Sientes físicamente la experiencia humana de chi, o energía vital, fluyendo e influyendo en tu cuerpo y emociones (resultado de hormonas físicas) cuando meditas o recibes trabajo energético. Así que, naturalmente, es fácil aceptar la representación común del chakra, que es un embudo vacío o vórtice hecho de energía, y que el sistema de chakras es algo así como una corriente a lo largo de la cual fluye la energía. Incluso lo enseño de esta manera en Reiki Nivel I porque hace los conceptos más fáciles de entender. Pero el sistema de chakras es mucho más que esto.

El chakra es la interacción del humano y del alma en el proceso de evolución espiritual. Es un tipo de membrana, como el altavoz en un sistema de sonido, a través de la cual la consciencia y los estados de ser resuenan. Es un "órgano" sensorial del alma que se extiende a tu existencia humana, observando las experiencias humanas de felicidad y sufrimiento, y, a su vez, irradiando las lecciones del alma de vuelta al humano.

Los siguientes diagramas reflejan la resonancia de la consciencia a través del chakra: la transmisión y recepción simultánea entre el humano y el espíritu.

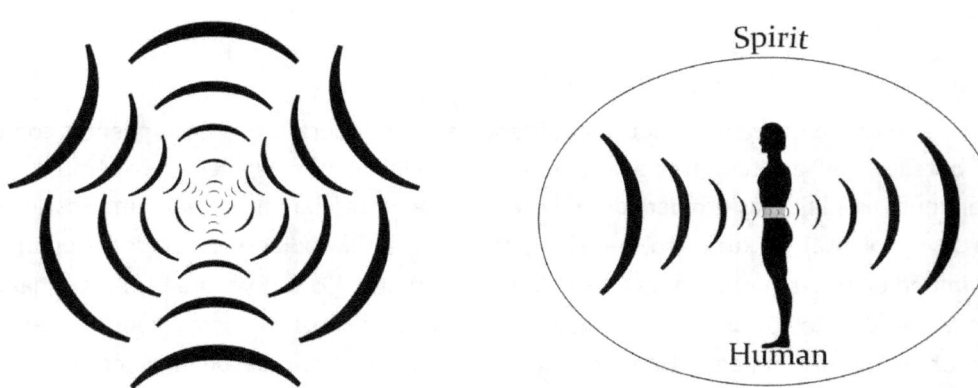

La resonancia de cada chakra vibra a una frecuencia que se corresponde con un tipo particular de experiencia evolutiva. Es nuestro karma (estas experiencias), y nuestra *resistencia* a este karma lo que da como resultado un grupo de efectos mentales, emocionales y físicos asociados (consulta la sección El significado de los chakras en Reiki Nivel II).

LOS TRATAMIENTOS DE REIKI AYUDAN A RELAJAR NUESTRA RESISTENCIA LAS EXPERIENCIAS DE LA VIDA.

Reiki Nivel II

Acerca del Reiki Nivel II

En el primer nivel de reiki aprendiste las posiciones de manos básicas y qué buscar al sentir energía en tu tratamiento. Eso es lo que la mayoría de la gente quiere o necesita saber; es suficiente, junto a la iniciación, para permitirte llevar a cabo un buen tratamiento de reiki.

El nivel II introduce los tres primeros símbolos de reiki. Recuerda que la iniciación a los símbolos es la base de la sabiduría y la consciencia de Usui Sensei. Usar activamente los símbolos aporta más potencia focalizada a tu tratamiento y también te ayuda a realizar tratamientos a distancia e infundir reiki a objetos inanimados. El nivel II también presenta varias técnicas de tratamiento avanzadas, así como información sobre la asociación de cada chakra con el mal-estar. Un tratamiento de reiki puede hacerse sin incorporar ninguna de estas cosas, pero la sabiduría y las técnicas aumentan la eficiencia de tu trabajo y te aportan mayor percepción de todo el ser de tu cliente.

Los símbolos de reiki

Introducción

La sabiduría del reiki revelada a Usui Sensei durante su experiencia de iluminación vino en forma de cuatro símbolos y la consciencia inherente a ellos. Los símbolos en sí no tienen ningún nombre: nos referimos a cada uno de ellos con un "jumon", que es una frase japonesa (o hechizo) que describe su consciencia. Una vez que has sido iniciado, la consciencia de los símbolos vive dentro de ti y despierta las habilidades transformadoras tratadas en la sección de iniciación de este libro. Algunas tradiciones de reiki incluyen símbolos adicionales, como Raku o Antakharana. ¡Recibí una iniciación de Reiki de la Llama Violeta que enseña 40 símbolos! Pero el Reiki Mahaananda solo reconoce los cuatro que enseñó Usui Sensei (tres en el segundo nivel de reiki y el cuarto en el nivel de maestría) y requiere que los empoderes personalmente como se explica en la sección de Empoderamiento de símbolos esotéricos.

- Un maestro profesor de reiki utiliza los símbolos para crear a un practicante de reiki a través de la iniciación.
- Los reikistas del nivel II invocan la consciencia de los símbolos para intensificar la terapia (con los dos primeros símbolos), y también para trabajar a un nivel más sutil que la estructura humana del tiempo y el espacio: la habilidad de hacer tratamientos a una persona que se encuentra lejos, en el pasado o en el futuro, o a un objeto inanimado.

Durante muchos años los símbolos se mantuvieron en secreto para evitar el mal uso y la falta de respeto: solo los maestros de reiki y los practicantes del nivel II los conocían. Sin embargo, la visión más moderna es que los símbolos son sagrados, pero no secretos, y puedes aprender sobre los símbolos casi en cualquier parte. Pero la consciencia se recibe solo a través de la iniciación.

Invocando los símbolos

Puedes invocar la consciencia de los símbolos al pensar el "nombre" del símbolo o al decirlo en voz alta. También puedes usar la imagen del símbolo al dibujarlo o visualizarlo. Puedes dibujarlo en papel, en el aire, con tus dedos o tu palma en una persona o cosa, en el paladar con la lengua, como parte de una meditación caminando, o incluso con tus pasos en un estilo de artes marciales (como hacíamos en la Academia Xen de Sigung). Algunas escuelas de pensamiento requieren que el nombre del símbolo se pronuncie tres veces después de dibujarlo.

Dibujando y memorizando los símbolos

Al dibujar símbolos y kanji de manera libre, el estilo de dibujo de cada persona puede ser un poco distinto, como escribir una palabra en cursiva. Así que, aunque no hay una manera perfecta y oficial de dibujarlos, haz lo posible para copiar las siguientes imágenes mientras das las pinceladas adecuadas.

No es requisito memorizar los símbolos, pero lo recomiendo encarecidamente. Imagina que estás dando un tratamiento. Decides utilizar un símbolo, así que tienes que apartar al menos una mano de tu cliente, cambiar tu intención de tu cliente a un trozo de papel, lo cual tu cliente también nota. ¿Cómo se sintió esto? Tu nivel de consciencia seguramente haya disminuido. Digo estas cosas desde la experiencia: yo no me forcé a memorizar los símbolos hasta que di mi primera iniciación, pero espero que tú tengas mejores experiencias.

El significado de los dos primeros símbolos

Usui Sensei recibió las imágenes de los símbolos y sus nombres. En un diccionario de kanji, encontrarás muchas palabras japonesas que suenan parecido pero que tienen diferentes kanji, y luego distintos significados para cada kanji. Debido a que para los dos primeros símbolos tenemos una imagen y un nombre oral pero ningún kanji de referencia, hay varias interpretaciones que se enseñan en distintas tradiciones de reiki. El Reiki Mahaananda utiliza dos interpretaciones para Choku Rei y Sei Hei Ki; una trata principalmente el nivel de la naturaleza (mente, corazón y cuerpo), y otra que trata principalmente el nivel del alma (evolución). **En el Reiki Mahaananda, utiliza ambas intenciones en tu terapia para afectar tanto a la Naturaleza como al Alma.**

Aplicaciones prácticas de los símbolos

A continuación, se presenta información general respecto a la aplicación práctica de cada uno de los tres símbolos. Para ejemplos terapéuticos específicos, consulta la sección Combinando Reiki II y técnicas espirituales. Recuerda que llevar a cabo el proceso de empoderamiento del símbolo traerá más poder a tu uso de los símbolos; dibujé estos símbolos presentados aquí tras empoderar mis manos y los símbolos.

Primer símbolo de reiki—Choku Rei

(Pronunciado "chocu rei")

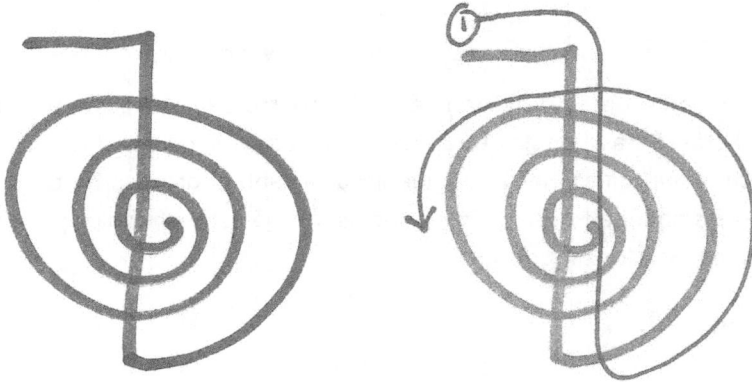

La interpretación común de la naturaleza de Choku Rei es "la intervención directa e inmediata del espíritu". Desde esta perspectiva, la imagen refleja consciencia tangible que se mueve hacia un chakra (empieza con la esquina superior izquierda del símbolo, bajando luego y entrando en espiral). La palabra japonesa Choku Rei parece muy similar a la palabra sánscrita "chakra" como para ser coincidencia, ya que muchas escrituras espirituales japonesas (incluyendo el Sutra del Corazón y los mantras de Kuji-In) imitan fonéticamente las versiones sánscritas originales.

Observa debajo cómo el primer símbolo de la interpretación esotérica del alma (Cho Kuu Rei) representa la energía Kundalini. Kundalini es consciencia (en forma de espiral envuelta firmemente 3 ¼ veces sobre sí misma) que resulta de la encarnación divina, que reside en el chakra base. Cuando se despierta durante la evolución, la Kundalini libera la presión de su firme agarre sobre sí misma y asciende por la columna vertebral, hacia arriba y por encima de la cabeza y hacia fuera por el chakra del 3er ojo. El primer símbolo refleja esta liberación de energía Kundalini (empezando en el centro del símbolo, y luego hacia arriba y hacia fuera).

Kanji *(información solo para la interpretación: utiliza el símbolo de arriba para la terapia)*:

Interpretación de la naturaleza

Choku: 直 Directo/ inmediato

Rei: 霊 Espíritu

Interpretación del alma

Cho: 緒 Cuerda vinculante del alma

Kuu: 空 Vacío, quinto elemento

Rei: 霊 Espíritu

Aplicaciones prácticas de Choku Rei

Choku Rei es el símbolo de poder: el significado común es Abre la puerta, o Pon el poder aquí. Aborda principalmente la naturaleza física de las cosas.

- Utilízalo para empezar cada uno de tus tratamientos.
- Utilízalo al final de cada uno de tus tratamientos para sellar la terapia.
- Utilízalo para enfocar más energía en chakras específicos u otras áreas donde sea necesario.
- Utilízalo junto al segundo símbolo para aumentar el poder del segundo símbolo: dibuja Choku Rei primero, y luego Sei Hei Ki.
- Utilízalo para todas las dolencias físicas como lesiones y enfermedades.
- Utilízalo para purificar o limpiar la energía, como limpiar tu sala de tratamientos de energía negativa o purificar tu comida (aunque yo prefiero bendecir la comida en vez de darle reiki).
- Utilízalo como protección: dibújalo en tu coche antes de un viaje o dibújalo en ti mismo para protegerte de vampiros energéticos (personas que son atraídas *y agotan* la radiación de los demás).
- Utilízalo para enraizarte y sentirte más conectado a tu cuerpo.
- Utilízalo para infundir reiki a objetos inanimados (consulta la sección de Infundiendo objetos inanimados con reiki).

Y desde la perspectiva del alma de Cho Kuu Rei, la intención es ayudarte a ti o a tu cliente a relajar la resistencia a las experiencias evolutivas, permitiendo que la Kundalini ascienda.

Segundo símbolo de Reiki—Sei Hei Ki

(Pronunciado "sei jei qui")

Hrih

Sei Hei Ki fue inspirado por un símbolo sánscrito, el mantra semilla HRIH de purificación. Esta versión estilizada de Hrih representa a una persona que mira hacia la izquierda. La línea de la derecha son la columna y la espalda. La parte horizontal superior de esta línea son los hombros, que soportan el peso interno de las cargas de nuestra vida; los dos pequeños arcos representan las emanaciones de los chakras del corazón y del plexo solar. La línea izquierda o interior empieza en la base del chakra de la garganta, alcanzando la cumbre en el corazón y de nuevo con más fuerza en el plexo solar. De ahí desciende suavemente, relajándose al nivel del chakra sacro.

Sei Hei Ki calma dolencias mentales y emocionales y afloja el agarre que tenemos a nuestros hábitos. Cuando se escribe Sei Heiki, este símbolo habla de un estado de ser espiritual de compostura y no preocupación, el estado iluminado de la no-expectativa y no-apego.

Kanji *(información solo para la interpretación: utiliza el símbolo de arriba para la terapia)*:

Interpretación de la naturaleza

Sei: 正 Rectificar, purificar

Hei: 病 Enfermedad

Ki: 気 Mente / corazón / ánimo

Interpretación del alma

Sei: 聖 Espiritual, santo o sagrado

Heiki: 平気 Compostura; no preocupación

Aplicaciones prácticas de Sei Hei Ki

Sei Hei Ki is el símbolo mental/emocional: el significado común es Compostura emocional, o Crea un nuevo hábito.

- Utilízalo para purificar y calmar emociones.
- Utilízalo para tratar la depresión.
- Utilízalo para empoderar el corazón, trayendo seguridad.
- Utilízalo para traer amor y perdón hacia ti y tus relaciones.
- Utilízalo para purificar y calmar pensamientos.
- Utilízalo para equilibrar los lados derecho e izquierdo del cerebro, trayendo armonía y paz.
- Utilízalo para ayudarte a relajar o romper hábitos.
- Utilízalo para mejorar la percepción mental y el proceso de pensamiento.
- Utilízalo para mejorar la memoria y para hacer las sesiones de estudio y aprendizaje más eficientes.
- Utilízalo para tratar anhelos emocionales y físicos (adicciones y deseos) y dolor.
- Utilízalo para tratar problemas físicos que son resultado del sufrimiento mental o emocional. Yo *siempre* lo utilizo junto a Choku Rei para tratar dolencias físicas.

Y desde la perspectiva del alma de Sei Heiki, la intención es ayudarte a ti o a tu cliente a soltar las expectativas y los apegos, lo cual trae de manera natural la iluminación.

Tercer símbolo de Reiki—Hon Sha Ze Sho Nen
(Pronunciado "Jon Sha Sei Sho Nen")

El único significado y poder del tercer símbolo es intersectar dimensiones; hacer tu presencia real en otro tiempo o espacio y dar terapia a distancia. Hay muchas explicaciones acerca de los usos de este símbolo, tales como: permitir el acceso a los registros akáshicos, reparar el aura, cambiar la composición celular del cuerpo e incluso disolver la deuda kármica. Pero cualquier cosa no relacionada directamente con su significado original no vino de Usui Sensei.

Kanji *(información solo para la interpretación: utiliza el símbolo de arriba para la terapia)*:

Hon: 本 Real / realidad

Sha: 者 Persona

Ze: 交 Intersectar

Sho: 所 Lugar

Nen: 念 Sentimiento

El símbolo de reiki de Hon Sha Ze Sho Nen viene de esta serie de kanji, pero se altera artísticamente (se estiliza) para hacer su escritura más rápida. Los kanji más visibles son Hon Sha Nen, que significan "Sentimiento persona real".

Aplicaciones prácticas de Hon Sha Ze Sho Nen

Hon Sha Ze Sho Nen es el símbolo espiritual, el significado común es Todo viene del corazón y la mente del hombre (de Lao Xie), o La mente atenta correcta es la esencia del ser. Lo utilizamos solamente para facilitar los tratamientos a distancia. Para mí, la transmigración es mucho más poderosa y versátil que el tercer símbolo. Sin embargo, Sho Nen (Sigung nos enseñó a usar "Sho Nen" como nombre abreviado del símbolo) puede ser útil para el terapeuta que utilice la visualización para ayudarle a "abrir la puerta".

Consulta las siguientes secciones acerca de los métodos para usar Sho Nen.

- Utilízalo para dar terapia de reiki a personas, lugares o cosas que están lejos (que no están justo delante de ti).
- Utilízalo para tratar traumas emocionales pasados que cambian la vida.
- Utilízalo para proteger y dar terapia en eventos futuros.

Cómo utilizar Sho Nen: Tratar sin la limitación de tiempo y espacio

¿Deberías de pedir permiso a tu cliente antes de hacer un tratamiento que cruza el espacio y/o el tiempo? Este es un tratamiento del que puede o puede que no tenga conocimiento. Algunas tradiciones creen que es absolutamente necesario pedir permiso, o de lo contrario, podría haber repercusiones kármicas desagradables para el terapeuta. En el Reiki Mahaananda, no es necesario preguntar primero. Sigung enseñó que todo el mundo (a algún nivel) quiere estar más sano y ser más feliz. Así que, si no puedes contactar con tu cliente o quieres dar la terapia sin decírselo, simplemente hazlo con la intención de que, si quieren aceptarla, lo harán; y si no quieren aceptarla, no lo harán. Maha enseña que hay repercusiones kármicas por ayudar a alguien, pero es karma "bueno".

Puede ser difícil de creer antes de experimentarlo, pero es probable que sientas más sensaciones durante los tratamientos a distancia que durante los tratamientos en persona: nos sucede tanto a mí como a casi todos mis alumnos locales. Y por favor, pídele comentarios a tu cliente: es importante para tu entrenamiento y también para construir tu confianza.

Mi primera experiencia dando un tratamiento a distancia fue trabajando en una amiga que vivía en las montañas nevadas de Nuevo México. Ella estaba teniendo un ataque muy doloroso de fibromialgia y tampoco lograba entrar en calor ni dormirse; junto a su tratamiento, también le di reiki a sus mantas. Su nivel de dolor disminuyó, empezó a entrar en calor y finalmente fue capaz de dormirse. (Consulta la sección Infundiendo objetos inanimados con reiki).

Conectando con tu cliente con Sho Nen

Para dar un tratamiento a distancia, sigue los pasos para cualquier tratamiento (consulta la sección siguiente acerca de Cómo dar un tratamiento de reiki usando símbolos y mantras). Antes de empezar, suavemente conecta con tu cliente usando transmigración o dibujando Sho Nen. Si dibujas Sho Nen, puedes utilizar objetos físicos o imágenes para representar a tu cliente si esto te ayuda, como:

- Una fotografía de tu cliente (una foto del teléfono móvil está bien, y esto es muy útil para transmigrar también)
- Un objeto que pertenezca a tu cliente (una joya o ropa, su libro favorito)
- Un animal de peluche o una muñeca (que representa el cuerpo de tu cliente)
- Tu cuerpo (por ejemplo, trata TU rodilla cuando trabajes en un cliente que tuvo una cirugía para reemplazar la rodilla).
- Imagina a la persona sentada o tumbada delante de ti, como un cuerpo físico o un aura. Visualiza mover y reposicionar su cuerpo fácilmente, para que puedas alcanzar fácilmente cualquier área que quieras tratar. Yo prefiero este método en mi terapia.

Método para tratar las manifestaciones de traumas pasados

Puede que alguien haya experimentado un evento traumático (como una violación o la muerte de uno de sus padres) hace 20 años y no supo cómo resolver su sufrimiento. El sufrimiento del pasado afecta cómo percibimos la vida y las relaciones de ahí en adelante. ¿Y si pudieses trascender el tiempo y usar reiki para ayudarles a relajar su resistencia a la experiencia, ayudándoles a calmar su vida?

Utilizando el método del tratamiento a distancia, visualiza el evento traumático pasado y la reacción de tu cliente a este evento (obviamente, esto requiere una plática previa a la sesión). Utiliza el símbolo Sei Hei Ki para calmar el dolor en el momento del evento, para promover la fuerza emocional para seguir adelante y para aflojar el apego al sufrimiento asociado con la experiencia.

Método para proteger y dar terapia en eventos futuros

Utilizando el método de tratamiento a distancia, visualiza un evento futuro, como una cirugía próxima, una muerte inminente o un viaje. Para cirugías, le doy reiki al equipo de la sala de operaciones, a todos los trabajadores médicos (estas personas tienen que trabajar cuando están molestos o no se encuentran bien) y al paciente. Usé Sho Nen y Choku Rei en mi hijo y en su coche cuando se fue de viaje por carretera a través del país. Utiliza el símbolo Choku Rei para el poder y la protección física y el símbolo Sei Hei Ki para la protección emocional.

Cómo dar un tratamiento de reiki utilizando símbolos y mantras

Cuando me refiero más adelante a dibujar o visualizar un símbolo, me refiero a dibujarlo en tu cliente. Puedes imaginar un trozo de papel apoyado en su cuerpo o en el aura (el "punto óptimo" donde sientes el colchón de energía). Tu dedo dibuja en ese papel, pero el símbolo aparece, o se manifiesta, dentro del cuerpo. (Y, por supuesto, este "dibujo" puede hacerse en tu mente: no tienes que utilizar papel imaginario).

Preparación

- En algún momento a lo largo del día en el cual vas a dar terapia de reiki, reconecta conscientemente con las energías de los elementos recitando cada mantra. Como preparación personal y protección, haz unas pocas recitaciones o un mala de cada mantra.
- Prepárate para usar tus mantras aumentando tu consciencia de ellos dentro de ti. Si ya has completado la carga de los mantras, se podría hacer con una breve contemplación. Si aún no has completado la carga, contempla y recita los mantras 9 veces.
- Lava tus manos como buena higiene, y también como símbolo de purificación.
- Reconoce el don y guía de Usui Sensei, Sigung y Maha; medita o contempla para sentir su consciencia.
- Presta atención dentro de ti; sé consciente de tu propio cuerpo y estado de ser. Los mantras de compasión y alma serena pueden ayudarte a hundirte en ti mismo.
- Ábrete al servicio con amor. Libera cualquier expectativa o apego al resultado de tu tratamiento. "Dios, hágase tu voluntad".

Tratamiento

- Transmigra en tu cliente. Si es un tratamiento a distancia, transmigra o conecta con tu cliente utilizando Sho Nen (consulta la sección previa, Conectando con tu cliente con Sho Nen).
- Dibuja o visualiza Choku Rei para "abrir la puerta", diciendo el nombre en voz alta o en silencio. Dibújalo en grande para cubrir la cabeza y el torso, o en el chakra del corazón, visualizando que emana a través de la cabeza y del torso.
- Da tu terapia utilizando posiciones de las manos, símbolos y mantras. Recuerda que el aspecto de reiki de la terapia simplemente fluye porque tú actúas como conducto. Sin embargo, cuando usas los mantras, invocas intencionadamente el poder terapéutico de un estado de ser.

- - Dibuja Choku Rei y Sei Hei Ki según sea necesario en cada chakra o área del cuerpo, diciendo el nombre en voz alta o en silencio. "Según sea necesario" depende de ti. Podría ser simplemente dibujar cada uno una vez con la intención de que el cuerpo y el corazón tomen lo que les hace falta, o dibujarlos ambos en cada chakra mayor. Podría ser que utilices lo que sabes de los problemas de tu cliente junto a la información en la sección sobre Las asociaciones físicas y emocionales/experimentales de los Chakras. Podría ser utilizar tu intuición, o una combinación de estas tres opciones.
  - Después de dibujar el símbolo, pon tus manos sobre el chakra y recita cualquier mantra (en voz alta o en silencio) que funcione con el símbolo y con la experiencia de tu cliente: paz, compasión, tres soles, tierra, fuego, agua, aire, alma serena, o cualquiera de los mantras de bienestar. Consulta la sección siguiente, Emparejando mantras con símbolos de reiki.
- Simplemente espera a sentir el cambio. Desde el aspecto del reiki, estás buscando una calidez suave o una vibración (o como tú sientas la energía), la misma intensidad en todos los chakras. Desde el punto de vista de las técnicas espirituales, espera también al sentimiento de que la emoción negativa de tu cliente se relaja y se transforma.

  Esto no son dos pasos separados: es una experiencia combinada. La vibración puede llegar a sentirse como emoción y la emoción como vibración, hasta que sea todo lo mismo. Este nivel avanzado de percepción vendrá con tiempo y práctica.
- Sella el tratamiento dibujando un Choku Rei final; ya sea grande para cubrir la cabeza y el torso o en el chakra del corazón, visualizando que emana a través de la cabeza y del torso.

Cierre

- Siente y expresa gratitud por la oportunidad de estar al servicio al hacer que la terapia de reiki esté disponible para tu cliente (o para ti mismo para un autotratamiento). Inclínate ante tu cliente con las manos en posición de oración.
- Después de cada tratamiento, purifícate lavando tus manos con agua fría y meditando un momento.
  - Si solo diste reiki y no eres empático, no hace falta que hagas ninguna purificación personal adicional. Si eres empático (tiendes a tomar el sufrimiento emocional o incluso físico de los demás), sigue la recomendación del siguiente punto.
  - Si transmigras para hacer mantras, una cierta cantidad de las dolencias de tu cliente puede que te afecten. Recita unos pocos mantras de los elementos, paz,

compasión y tres soles (los que hayas cargado) para ti mismo después del tratamiento para purificar tus propias energías y volver a un estado de ser puro. Siempre haz más por ti de lo que hiciste por tu cliente. Si sigues sintiendo las emociones de tu cliente, haz integración emocional.

- Tu práctica espiritual final debería de ser meditación de quietud. Siéntate quieto de manera cómoda, con los ojos completa o parcialmente cerrados, y presta atención a tu respiración. Recita la palabra Swaasthya (suastia) cada pocos segundos, suavemente o en silencio. Centra tu atención dentro, solamente en ti misma, sin ningún otro objetivo que estar contigo misma: autodependiente y autocontenida (consulta la enseñanza acerca de Swaasthya en la sección de Maestría para obtener instrucciones más completas). Medita de 5 minutos a 1 hora.

Utilizando mantras en la terapia

¿Cuál es la diferencia entre usar mantras elementales o usar mantras de bienestar? Por ejemplo, para tratar una infección bacteriana, ¿deberías de usar Agua y Fuego, o el mantra de Purificación del cuerpo?

Los mantras elementales son un recurso general o apoyo tanto para ti como terapeuta como para tu cliente. El cuerpo sabe qué hacer con ellos, así que tu atención no tiene que ser específica (al igual que con el reiki). Los mantras de bienestar son de naturaleza mecánica y están destinados a dolencias específicas. Si solo vas a utilizar un tipo de mantra, usa los mantras elementales ya que son más poderosos. Los mantras de bienestar trabajan bien por su cuenta, pero trabajan mejor como ajuste de precisión junto a los elementos.

Mientras das terapia y recitas los mantras elementales u "otros" mantras, pon tu atención en el cuerpo entero o experiencia emocional de tu cliente, o en un chakra individual. Si utilizas los mantras de bienestar, presta atención a la dolencia específica o a la experiencia emocional.

Esta es una referencia rápida de las propiedades beneficiosas generales de los mantras. No es una lista completa, solo los ejemplos más comunes.

Mantras elementales:

- Tierra: regeneración de los órganos o huesos dañados; estabilizador de condiciones; protección contra daño, infección o vampiros energéticos; soporte de la salud mental (estar enraizado).
- Fuego: inflamación; infecciones bacterianas y virales; tratamiento de tumores; elevación del nivel general de energía física.
- Cielo: *se utiliza para elevar la consciencia propia, pero no para tratar a los demás. Es más bien una bendición para ti mismo.*
- Agua: cualquier problema que tenga que ver con fluidos, como hígado, riñones, vejiga, estómago, linfa, hormonas o problemas de la sangre; transporte de nutrientes necesarios para asistir en la regeneración o la elevación de la energía; efecto calmante en el dolor físico o un corazón roto; relajación de una personalidad controladora. Utiliza ambos fuego y agua para hervir y limpiar impurezas como bacterias.
- Aire: ayuda en la comunicación, en la agilidad mental y claridad y equilibrio; ayuda a la información a fluir a través del sistema nervioso.

Otros mantras:

- Paz: calma la mente y el cuerpo, aliviando la preocupación, la ansiedad y la ira.
- Compasión: calma el corazón, reduce la sensación de separación y juicio.
- Tres soles: aumenta los niveles de energía (ten cuidado aquí: si alguien está enfadado, este mantra podría aumentar su ira)
- Alma serena: trae felicidad y paz, y es muy útil para la depresión; aumenta la consciencia tuya o de tu cliente del alma propia (consulta la sección El Alma Serena: se debe hacer carga adicional para tratar más eficientemente a tu cliente).

Mantras de bienestar:

- Purificación del cuerpo: purifica los efectos de infecciones, de parásitos, de drogas, de fumar y del colesterol.
- Regeneración del cuerpo: ayuda a recuperarse de daños físicos o degeneración; recuperación postoperatoria.
- Sanación de heridas emocionales: ayuda con el trauma emocional, como la muerte de un ser querido, divorcio, trastorno de estrés postraumático.
- Despejando pensamientos negativos/pensamientos positivos: ayuda a traer un sentimiento de que todo estará bien; aumenta la fe; empodera la manifestación; ayuda con la procrastinación.
- Mantra de purificación de dependencias químicas: ayuda a dejar de beber, fumar, tomar drogas, comer azúcar, etc.

Algunos ejemplos:

- Tratando condiciones mentales: Utiliza el elemento tierra con tu pulgar derecho en el tercer ojo, con el pulgar apuntando hacia abajo, para traer una experiencia de enraizamiento a la mente. (Alguien con los pies en la tierra no suele tener enfermedades mentales). Luego utiliza los mantras de bienestar según tu intuición.
- Tratando depresión: calma el corazón con el mantra de Sanación de heridas emocionales, luego calma la negatividad con el mantra para despejar pensamientos negativos, y luego utiliza el mantra de tierra para enraizar.
- Adicciones: utiliza el MPDQ para purificar el cuerpo y despejar la negatividad. Esto no liberará las adicciones y dependencias a sustancias a menos que tú o tu cliente hagáis la integración, o a menos que enfrenten el sufrimiento que conlleva.

Emparejando mantras con símbolos de reiki

Como guía general, los mantras que afectan principalmente al cuerpo físico (como los Cinco Elementos, Tres soles o Regeneración del cuerpo) trabajan bien con el primer símbolo de reiki. Los mantras que afectan principalmente a la mente y al corazón (como Paz, Alma Serena, Compasión o Sanando heridas emocionales) trabajan bien con el segundo símbolo. El mantra de Purificación de dependencia química trabaja tanto con cuerpo como con corazón, así que utiliza ambos símbolos, el primero y el segundo.

Las asociaciones físicas y emocionales/experienciales de los Chakras

Todo lo que en verdad necesitas para ser un terapeuta de reiki es la iniciación; y para hacer un tratamiento de reiki solamente necesitas poner tus manos sobre los chakras y esperar una sensación de equilibrio. Saber lo que podría significar que un chakra en particular no esté equilibrado no es necesario para realizar el tratamiento, pero es importante para guiar a tu cliente (o a ti mismo) en el cuidado de su propia salud física, emocional y mental. Un mal estar físico es una manifestación de un mal estar emocional o mental y nos recuerda ir al interior y observarnos, con compasión y perdón. Suavemente guía y motiva a tu cliente a hacer integración emocional si sientes que está abierto a ello.

A continuación se presentan las asociaciones emocionales, mentales y físicas de los ocho chakras mayores y también del Yong Quan y del Dan-Tian. La lección o experiencia espiritual es la base de los problemas asociados (consulta la sección Chakras, Alma y Evolución). Las asociaciones de los chakras no son mutuamente excluyentes a los chakras tal y como muestro en los cuadros muy estructurados de debajo: el "borde" que separa cada chakra de los demás es una transición mezclada y no definida.

Chakra base/raíz y Yong Quan *(en la planta del pie)* *Supervivencia y enraizamiento* *"Soy"* *La lección espiritual viene de permitir que la fe supere al miedo.*	
<u>Mental/Emocional/Experiencial</u>	<u>Física</u>
<ul><li>Supervivencia (dinero/casa/trabajo)</li><li>Seguridad física, estabilidad, seguridad y confianza (tribu o comunidad)</li><li>Enraizamiento</li><li>Deseo de vida o muerte</li></ul> <u>Equilibrado</u>: sentimiento de estar bien apoyado; confianza en satisfacer fácilmente las necesidades básicas (habilidad de obtener abundancia del planeta). <u>Desequilibrado</u>: dificultad para lograr objetivos; cosas que no son urgentes o importantes causan ansiedad y preocupación; las decisiones pueden ser difíciles; terquedad; depresión; avaricia; sentirse desarraigado o sin apoyo.	<ul><li>Plexo sacro</li><li>Glándulas suprarrenales (respuesta de lucha o huida)</li><li>Sistema linfático</li><li>Sistema de eliminación (intestino grueso y colon)</li><li>Sistema óseo</li></ul> Ejemplos son: osteoartritis, problemas de la columna (disco deslizado, dolor ciático, escoliosis), y dificultades linfáticas; nacimiento y renacimiento. <u>Yong Quan</u> (plantas de los pies): Indica la salud energética general

Chakra Sacro *"Chakra del Agua"*
Cambio, sexualidad y creatividad, emociones
"Siento"
La lección espiritual viene de permitir que la propia maestría supere al karma*.

Mental/Emocional/Experiencial	Física
- Aceptar o ajustarse al cambio - Seguridad emocional - Creatividad (procreación y artística) - Aceptación del placer - Sentirse cómodo con la sexualidad propia **Equilibrado**: sentirse cuidado y nutrido por la vida, los seres queridos y uno mismo; deseo sexual sano; sano equilibrio de fuentes de felicidad internas y externas; yin y yang (los aspectos masculino y femenino de tu personalidad) fluyen en equilibrio; la expresión creativa sale sin esfuerzo; entusiasmo por la vida. **Desequilibrado**: apetito poco saludable por comodidades externas (comida, sexo, drogas, electrónicos, compras, apuestas, cosas materiales) en un intento equivocado de sentirse cuidado (o para distraerse de no sentirse cuidado); dificultad disfrutando de la vida; relaciones insatisfactorias; estrés emocional; rigidez; excesivamente complaciente.	- Plexo lumbar - Sistema/glándulas reproductivas - Sistema urinario (riñón/vejiga) - Próstata - Espalda baja Ejemplos son infertilidad; infecciones de vejiga o de riñón; disfunción sexual o falta de deseo sexual; adicciones; dolor lumbar.

* Karma es la experiencia de vida actual que resulta de acciones, palabras y pensamientos pasados.

Chakra del Plexo Solar y Dan-Tian*
Voluntad y poder (autoestima)   *"Hago"*   La lección espiritual del Dan-Tian viene de permitir que la autoobservación supere al drama; la lección espiritual del Plexo Solar viene de permitir que la amabilidad y la humildad obtengan la maestría sobre el poder.

Mental/Emocional/Experiencial	Física
• Sensación de poder personal • Emociones de poder: alegría e ira Equilibrado: sentido sano de identidad propia; autoconfianza y autoestima; asertividad (defender tus creencias y apoyarte a ti mismo); autocontrol; fuerza de voluntad; carisma; transformación exitosa de ideas en acción (carrera); feliz y alegre. Desequilibrado: agresivo; confrontativo; siente la necesidad de estar "en lo correcto"; frustración; se siente ineficaz; demasiado pasivo; excesivamente sensible a la crítica; excesivamente intimidado; depresión; tristeza; cambios de humor frecuentes.	• Plexo solar • Sistema digestivo/estómago (desde la boca hasta el intestino delgado) • Hígado • Páncreas (producción e interacción de la insulina) • Vesícula biliar • Bazo • Sistema muscular • Energía Ejemplos son la conversión de energía a la forma física (dificultades digestivas), fatiga, diabetes, dolor en la parte media de la espalda.

* El Chi se acumula y se guarda en el Dan-Tian para que el cuerpo lo utilice.

Chakra del Corazón
Amor y compasión
"Amo"
La lección espiritual viene de permitir que la compasión supere el apego a la identidad.

Mental/Emocional/Experiencial	Física
- Amor - Compasión - Empatía - Sanación <u>Equilibrado</u>: unificación: conexión y relación con los demás; bondad; simpatía; dar y recibir fácilmente; devoción; sentimiento de bienestar. <u>Desequilibrado</u>: alienación por los demás; competición malsana; comparación y juicio; odio; crueldad; inhabilidad para sentir, expresar o aceptar amor y compasión por uno mismo y por los demás; excesivamente compasivo; problemas de compromiso y traición; parte delantera del chakra afectada por otros y parte trasera afectada por uno mismo (perfeccionista); aflicción. El chakra del corazón tiene una gran influencia en todos los demás chakras.	- Plexo cardíaco - Corazón y sistema circulatorio - Pulmones y sistema respiratorio - Glándula del Timo (produce hormonas que apoyan al sistema inmunológico) Ejemplos son problemas circulatorios (presión arterial elevada, coágulos sanguíneos, enfermedad cardíaca), problemas respiratorios (asma, EPOC), enfermedad crónica, dolor en la parte superior de la espalda. Estos síntomas físicos se ven muy afectados por el estrés.

Chakra de la Garganta
Comunicación y perdón
"Hablo, escucho"
La lección espiritual viene de permitir la comunicación al nivel del alma (simplemente consciente de lo que causa felicidad y lo que causa sufrimiento) para disolver nuestras propias opiniones.

Mental/Emocional/Experiencial	Física
- Expresión (en todas las capas de comunicación) - Perdón Equilibrado: poder expresarse con seguridad y confianza; escuchar y hablar con honestidad y de manera compasiva con los demás (pueden ser poetas, escritores, compositores); en sintonía con su voz interior y bien equilibrado con la comunicación externa. Desequilibrado: no sentirse escuchado; incapaz de expresar mensajes por miedo al conflicto o a herir sentimientos; demasiado comunicativo; no estar en sintonía (o pasar demasiado tiempo) con la voz interior; guarda rencores.	- Plexo cervical - Garganta - Cuello - Aparato vocal - Tiroides (produce hormonas que regulan metabolismo y crecimiento) Ejemplos son la madurez física y otros problemas de la tiroides (crecimiento, metabolismo), dolor de garganta, dolor crónico de cuello.

Chakra del Tercer Ojo y Puerta de Jade
Visión
"Veo"

La experiencia espiritual del 3er Ojo es la creación al nivel divino sin expectativa ni apego; la experiencia espiritual de la Puerta de Jade es la percepción al nivel divino por debajo del velo del tiempo y del espacio.

Mental/Emocional/Experiencial	Física
3er Ojo - Claridad y pureza de mente - Pensamiento analítico - Manifestación - Sueños Equilibrado: mente clara y enfocada; buenas habilidades analíticas; buena memoria; imaginación expandida; capacidad para dibujar experiencias (manifestación); confianza en la guía interior; sentido claro de propósito. Desequilibrado: baja autoestima y desconfianza; rechazo a aceptar lo que se ve; excesiva dependencia del intelecto; bajo nivel de intelecto; juicio nublado; delirios; ilusiones (demasiado involucrado en la fantasía o la imaginación). ~~~~~~~~~~~~~~~~~~~~~~~~ Puerta de Jade - Percepción sobrenatural (más allá de los cinco sentidos) Equilibrado: habilidad para ver a través de la ilusión de tiempo y espacio; visión; intuición; clarividencia, clariaudiencia y visión remota; consciencia individualizada. Desequilibrado: poca o ninguna percepción sobrenatural.	**3er Ojo** - Plexo carotídeo - Glándulas pituitaria y del hipotálamo (la glándula pituitaria se conoce como "glándula maestra"), estas dos glándulas juntas regulan el sistema endocrino al completo (todas las glándulas productoras de hormonas) - Cráneo/cerebro inferior - Ojos - Nariz - Orejas - Senos nasales Ejemplos son: desequilibrios hormonales; visión deficiente; dolores de cabeza; sinusitis; mal oído; vértigo; sueño intranquilo; pesadillas. ~~~~~~~~~~~~~~~~~~~~~~~~ Puerta de Jade - Cerebro inferior - Mandíbula - Algo de efecto en hombros y parte superior de la espalda Ejemplos son mala salud mental, DTM, problemas de las glándulas salivales.

Chakra de la Corona *Espiritualidad* *"Entiendo"* *La experiencia espiritual es consciencia de la divinidad universal personal.*	
Mental/Emocional/Experiencial - Consciencia universal - Evolución espiritual Equilibrado: destellos (o mayor frecuencia) de percepción divina del ser, como la divinidad personal y que todo existe en el Ser. La individualidad se funde en la universalidad; confianza en la evolución (apertura, entendimiento y gratitud a todo crecimiento y experiencia espiritual). Desequilibrado: sentido de separación, de abandono y de estar perdido; sentido errado de iluminación personal (cerrarse al crecimiento personal); falta de dirección, falta de espiritualidad. El chakra de la corona tiene una gran influencia en todos los demás chakras.	Física - Corteza cerebral - Sistema nervioso central - Cráneo/cerebro superior Ejemplos son epilepsia, Alzheimer, cualquier tipo de dolor, fibromialgia.

Infundiendo objetos inanimados con reiki

Puedes infundir cualquier objeto con reiki para que siga irradiando energía a tu cliente después de que termine tu tratamiento de reiki, como una pastilla energética de liberación prolongada. La variedad de objetos que puedes elegir está limitada solamente por tu imaginación. Estos son unos pocos ejemplos de cosas que he infundido con reiki:

- Un cojín para usar como respaldo para el dolor de espalda
- Un cojín en el que descansar una pierna rota
- Una almohada para ayudar con problemas de sueño
- Una manta para el dolor crónico del cuerpo (artritis o fibromialgia)
- Una manta para acelerar la recuperación de una operación
- Objetos personales: joyas, gafas o la muñeca de una niña enferma

El cojín para la pierna rota fue, de hecho, la primera experiencia que tuve infundiendo objetos inanimados. ¿Recuerdas a mi amiga que tuvo un accidente de coche y vino a la academia Xen a recibir terapia grupal? Ella estaba en peligro de que le amputasen el pie, había perdido una gran parte de pie alrededor de su tobillo aplastado y los injertos de piel no estaban funcionando. Le pedí ayuda a Sigung y nos encontramos en casa de ella. Allí él dio terapia y también le pidió el cojín en el que ella descansaba su tobillo. Le observé infundir el cojín con reiki, y luego le pregunté cómo hacerlo. Mi amiga tuvo una recuperación física completa, aparte de tener el tobillo un poco rígido y de no poder volver a usar tacones altos.

<u>Método para infundir objetos inanimados con reiki</u>

Dibuja Choku Rei en o encima del objeto. Con tus manos sin tocar, transmite energía de reiki al objeto hasta que "se llene" (cuando sientas que empuja un poco hacia atrás). Luego visualiza una luz dorada cubriendo el objeto y baja ambas manos para apoyarlas en el objeto, esto sella la energía. La energía normalmente dura de unos pocos días a una semana, dependiendo de la rapidez con la que tu cuerpo o el cuerpo de tu cliente la atraiga. Para hacer esto desde la distancia, empieza por transmigrar o usar Sho Nen.

Bendiciendo objetos

Aunque mucha gente da reiki a estos objetos, mi opinión personal es que es más apropiado bendecirlos. Para bendecir un objeto, pon tus manos a su alrededor. No es necesario tocarlo, pero depende de ti. Transmigra al objeto y ponte en el estado de ser que quieras usar para la bendición (gratitud o paz son grandes posibilidades), utilizando un método como contemplación, oración o mantra. Luego cuando utilices o ingieras el objeto, tú (o tu cliente) recibiréis la bendición.

- Objetos espirituales: cualquier objeto del altar como estatuas, incienso, piedras y cristales; o crucifijos, medallones de santos y malas.
- Comida: transforma la emoción negativa en la carre, las aves de corral o el pescado liberada tras la muerte del animal, o los efectos nocivos de las hormonas.
- Hierbas y medicinas

Técnicas adicionales

Escaneo

La técnica básica de Nivel I es proceder a través de todas las posiciones de mano, pasando tiempo adicional según haga falta cuando sientas un desequilibrio o bloqueo. La técnica de escaneo te permite identificar rápidamente las áreas "más desequilibradas" antes de empezar tu tratamiento. Puedes utilizar esta información para tener una conversación con tu cliente acerca de qué está intentando decirle su estado energético (consulta la sección previa de Las asociaciones Física y Emocional/Experimental de los Chakras). Escanear puede ayudarte a dar un tratamiento más eficiente: si no tienes mucho tiempo, puedes tratar esas áreas. Ya que el trabajo que haces con cada chakra afecta a todos los chakras hasta cierto punto, es posible que un chakra que sentiste equilibrado durante el tratamiento haya cambiado un poco. Así que escanea de nuevo al final del tratamiento: puede que encuentres algún ajuste que hacer.

Escaneando con tus palmas

- Empieza en la corona, dejando tus manos ahí solo lo suficiente para sentir la intensidad de la vibración (o como tú sientas la energía). Normalmente utilizo solo mi mano izquierda ya que es más sensible que mi mano derecha.
- Luego ve pasando por todas las puertas energéticas, parando solo un momento en cada una mientras comparas la intensidad de la vibración entre todas ellas.

Sigung enseñó algunas de las siguientes técnicas, y otras vinieron de mi propia intuición. Pruébalas todas, utiliza las que te gusten y deja que tu propia intuición descubra otras.

Escaneando con un péndulo

Los practicantes expertos de péndulo utilizan preciosos péndulos hechos de poderosas piedras o cristales con los que han entrenado durante un tiempo para que respondan preguntas. Sigung nos enseñó una técnica muy simplificada utilizando un péndulo improvisado. Un péndulo no tiene que ser lujoso: todo lo que necesitas es una cuerda o cadena ligera (como un collar), con un peso en la parte inferior que pueda girar fácilmente. Mi péndulo actual es una medalla de la bandera estadounidense que saqué de un viejo llavero y que luego puse al final de una cadena de colgante barata. Algún día conseguiré alguno más bonito, pero este funciona bien.

- Sostén tu péndulo enrollando el extremo libre de la cadena alrededor de los dedos de la mano que uses para escanear. Luego asegura la cadena presionándola contra tu palma con los dedos. La cadena debería de colgar unos 10 centímetros por debajo de tu mano.

- Empezando en la Corona, sostén el péndulo unos centímetros por encima de cada uno de los chakras durante unos momentos (si tu clienta está tumbada). Si está sentada, sostén el péndulo frente a sus chakras. Estás observando tanto el patrón de movimiento del péndulo (hacia atrás y hacia adelante, en círculo en sentido horario, en círculo en sentido antihorario, o ningún movimiento) como la velocidad del movimiento.
- Cuando el péndulo se mueve de forma diferente en uno o varios chakras que en la mayoría de los demás, eso indica un desequilibrio.

Prueba muscular

- Haz que tu clienta se siente o esté de pie con su brazo dominante extendido al nivel del hombro al lado de su cuerpo.
- Prueba la resistencia flotante natural del músculo del brazo presionando suavemente en la mano extendida, liberando la presión inmediatamente. Guía a tu clienta a usar la cantidad de fuerza que permita que su brazo se mueva hacia abajo unos pocos centímetros, y que regrese a su posición cuando liberes la presión.
- Ahora con una de tus manos sobre el chakra de la corona, prueba la resistencia flotante como en el punto anterior. Haz esto con cada uno de los demás chakras, sosteniendo la "mano del chakra" unos pocos centímetros por delante o por detrás de tu cliente.
- Identifica qué chakras producen mayor o menor resistencia que en la prueba muscular general original, ya sea más débil o más rígida. Esto indica la necesidad de tratamiento.

Sigue la energía

- Con tus manos en el chakra de la corona,
- Cierra tus ojos y dale a la energía una consistencia fluida espesa (como pintura) y un color brillante que elijas. A mí me gusta el verde.
- Con tu 3er Ojo, sigue el flujo de color desde el chakra de la corona de tu clienta a través de su cuerpo entero, hasta que fluya hacia fuera del Yong Quan (las plantas de los pies).
- Busca las áreas donde el flujo no sea suave o el color cambie: esto indica la necesidad de tratamiento. Esta técnica puede revelar problemas en áreas como órganos y huesos.
    - No fluye en absoluto
    - Parece quedarse atascada
    - Fluye, pero no de manera "sólida": parece tener burbujas o agujeros
    - Parece cambiar de color (a un color más oscuro o negro)

Prueba el chakra del corazón y escucha con tu cuerpo entero

Cuando empecé mi práctica de reiki en 2006, alquilé una habitación pequeña en la oficina de una masajista. Esta habitación solía estar fría y para mis manos frías era difícil el sentir energía. Lo mismo sucede si aire acondicionado o la calefacción soplan en mis manos. Tenía que prestar mucha atención para estar consciente de la energía, y empecé a notar que sentía energía en otras partes de mi cuerpo al igual que en mis manos. Años de práctica más tarde, esta es ahora mi forma principal de evaluación: empiezo cada tratamiento con mi punta de los dedos en el chakra corazón y siento en mi propio cuerpo qué necesita tratamiento en el cuerpo de mi cliente, algo así como mirar bajo el capote de un coche. Mientras trabajo con cada chakra, presto atención a qué áreas reaccionan en mi propio cuerpo. Esto me da información para la técnica de asociación de chakras.

- Haz un inventario constante de tu cuerpo
- Si una de tus palmas es más sensible que la otra, cambia tus manos
- Busca cualquier cambio en la sensación de tus pies, piernas, cabeza o torso

Asociación de chakras

A veces, cuando tus manos están sobre dos áreas distintas, el "todo" es mayor que la suma de las partes. Por separado, cada área tiene una cierta calidad energética, pero cuando tus manos están sobre ambas áreas, una de las áreas o las dos se sienten muy diferentes.

Para identificar una asociación, encuentra un chakra que esté desequilibrado mientras realizas tu procedimiento habitual de reiki. Dejando una mano sobre este chakra, mueve la otra mano, colocándola sobre cada uno de los otros chakras mayores por unos momentos para probar si sientes un cambio en el primer chakra. Si percibes un cambio, esto indica una conexión de algún tipo entre los dos chakras y pueden ser tratados juntos hasta que ambos tengan la sensación suave de equilibrio.

Una asociación común para las mujeres existe entre los chakras sacro y del 3er ojo. Al nivel físico, es una conexión entre la glándula pituitaria y los órganos reproductivos. Cuando noto esta conexión, le pregunto a mi clienta si tiene problemas de desequilibrio hormonal. La respuesta es casi siempre sí, ya sea SPM, menopausia o algo relacionado. Le mencioné esto a Lao Xie y agregó que esta conexión también tiene que ver con el miedo (para los hombres también). Es una relación entre las experiencias de cambio y adaptabilidad que residen en el chakra sacro y la mente de mono del chakra del 3er ojo, y podría indicar un miedo no saludable o resistencia al cambio.

Existe otra conexión común entre los chakras del plexo solar, el 3ᵉʳ ojo y de la corona. La combinación de plexo solar y 3ᵉʳ ojo podría indicar diabetes al nivel físico (pituitaria y páncreas). Al nivel emocional, puede que tu clienta esté viviendo una experiencia en la que está sufriendo porque la gente no está de acuerdo con ella o no respeta sus opiniones. Además, esto puede ser el orgullo del plexo solar interactuando con el intelecto de la mente y la humildad divina de la corona).

A veces no sabemos qué significa la asociación. Una de mis clientas había empezado a experimentar dolor intenso en la punta de los dedos. Esta técnica de asociación reveló una conexión entre los dedos y el chakra de la garganta. Más adelante fue diagnosticada con hernias discales en el cuello.

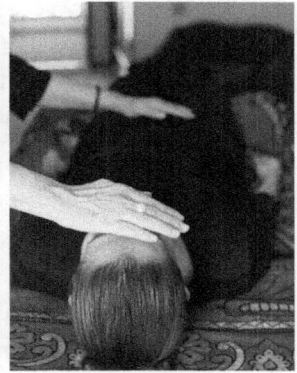

3ᵉʳ Ojo/Sacro

3ᵉʳ Ojo/Corona/Plexo Solar

Desbloqueando chakras difíciles

Una sensación fría (cuando normalmente sientes calidez o vibración) o ninguna sensación en absoluto indica un bloqueo de energía. Si tu tratamiento del chakra (o chakras, si utilizas la técnica de asociación de chakras) no resuelve el bloqueo, prueba una las siguientes técnicas:

- Trata el Yong Quan: muchas veces los chakras difíciles se abrirán tras tratar el Yong Quan (plantas de los pies).
- Utiliza la Sincronización: influencia el chakra bloqueado (al tratarlo con la mano derecha) con un chakra que fluya bien (tocándolo con la mano izquierda). Esta técnica imita el fenómeno encontrado en el mundo físico, y estos son tres ejemplos: puntear la cuerda Sol de una guitarra producirá vibración y sonido de la cuerda Sol de una guitarra cercana. Si los péndulos de varios relojes en la misma habitación se balancean a tiempos

distintos, con el tiempo se balancearán a la par. Si un grupo de mujeres viven juntas, como en un dormitorio universitario, con el tiempo suelen tener sus períodos menstruales en la misma época del mes.

De hecho, he utilizado mis propios chakras para sincronizar los chakras de mis clientes, pero no con mucha frecuencia.

Evaluando la salud energética general

El flujo de energía en el Yong Quan se ha convertido en mi indicación más directa de la salud energética general. Después de contarle a mi amiga, que es maestra de aromaterapia clínica, mis historias del Yong Quan, me dijo que en aromaterapia se conoce al Yong Quan como "Manantial de Vida". Solo he encontrado el Yong Quan bloqueado dos veces; cuando los chakras mayores estaban ligeramente agotados (pero no bloqueados), y el reiki tampoco limpió este bloqueo. Estas dos personas estaban muy cercanas a la muerte. Una yo lo sabía, pues estaba en la etapa 4 de un cáncer de mama que se había extendido a su cerebro. La otra no lo sabía, esta mujer joven vino quejándose de una falta de energía severa; sufrió un ataque de corazón más tarde esa semana causado por un bloqueo casi completo del flujo sanguíneo, pero fue tratada con angioplastia con balón y se recuperó.

También, presta mucha atención a un *cambio* en la sensación del aura: esto es útil para clientes recurrentes. La sensación de que el aura se encogió o se contrajo (tener que poner tus manos mucho más cerca del cuerpo que en los tratamientos previos para sentirla) es un signo de deterioro de la salud o de miedo extremo. Otro signo es que el aura se sienta más suave que en tratamientos previos. Las auras de algunas personas siempre se sienten suaves, recuerda que es el cambio lo que estás buscando.

En cuanto a hablar de estas cosas con tu cliente, sé compasivo y sutil. Utiliza tu juicio acerca de qué comunicar ya que podrías no estar interpretando la sensación de energía correctamente; podrías estar equivocado. Si tu cliente tiene una condición terminal de la cual están al corriente, probablemente no haya necesidad de ninguna comunicación. Si sientes que tu clienta está muy enferma y no se da cuenta, podrías sugerirle sutilmente que vea a un médico. En todas estas circunstancias, ofrécele trabajar con ella en la integración emocional.

Reiki Mahaananda Nivel de Maestría

Técnicas Espirituales del Nivel de Maestría

KamaChakra

KamaChakra es un término sánscrito que significa "movimiento perpetuo del deseo". Este proceso nos ayuda a purificar el deseo, disolviendo no el deseo, sino el *sufrimiento* del deseo. El deseo es el sufrimiento más difícil de resolver (aparte de los problemas de supervivencia), porque reside en lo más profundo de las células de nuestro cuerpo.

El deseo no es malo, Dios nos dio el anhelo (deseo) y el placer que satisface este anhelo para asegurar la supervivencia de la especie. Al nivel más profundo, nuestro código genético provoca la atracción física hacia otros y las ganas de tener sexo y orgasmo, que resultan en niños. El deseo se expresa al nivel emocional; sentimos separación y la necesidad de estar con los demás, y nos enamoramos. Al nivel mental, nos atraen los rasgos de personalidad e intereses similares, sintiendo afecto y disfrutando la compañía de los demás. Experimentaremos el deseo mientras vivamos en un cuerpo humano: es la voluntad de Dios.

¿Por qué este plan divino perfecto causa tanto sufrimiento? No es el deseo en sí mismo, sino nuestros apegos y expectativas acerca de las relaciones y nuestro hábito programado socialmente de esconder todo esto dentro de nosotros, lo que causa sufrimiento. Estas son algunas causas comunes de sufrimiento. Yo he experimentado la mayoría de ellas, ¿y tú?

- La persona que deseas no está disponible para ti (no sabe que existes, no te ama o está en una relación)
- No expresas tus deseos por culpa o miedo al rechazo
- No actúas sobre tus deseos porque eliges ser leal o responsable
- Te sientes culpable por tus deseos, sin importar si los cumples o no
- Escondes tus deseos de los demás y de ti mismo
- Juzgas las elecciones que otras personas hacen

Para tener la maestría sobre el deseo, practica el experimentarlo desde un punto de vista iluminado. Empieza por aceptar (o al menos contemplar) que, al nivel del Alma, tú (y los demás) estás construido genética, emocional y mentalmente para experimentar amor en todas las formas, sin restricciones sociales: *estar enamorado de todo, o estar en un estado de Amor*. Esto no es permiso para actuar de manera irresponsable; es libertad para dejar ir el juicio.

A continuación, trabaja activamente hacia *desapegarte de la persona que deseas*. El no-apego no significa deshacerse de algo; no quiere decir que ya no vayas a experimentar la sensación de deseo, o que tengas que apartar a la persona que deseas. No-apego significa disfrutar plenamente a alguien o algo mientras tienes la experiencia, y a la vez, aceptar plenamente que todo es impermanente. Si logras la maestría sobre el no-apego, el dolor de una relación terminada será mucho menos intenso, o no durará mucho.

Practica hacerte plenamente consciente de las fuerzas naturales de tu interior. Tus deseos son reacciones en tu cuerpo; tú no eres tus deseos. Obsérvalos conscientemente con compasión hacia ti mismo, y sin drama. No se va a sentir tanto como "no puedo tener lo que quiero, y no soy feliz", sino más bien como "Ah, soy consciente de que mi cuerpo anhela algo". Desde esta percepción, puedes disolver el sufrimiento con integración emocional.

El primer mantra de Kama Chakra

Maha creó el proceso de Kama Chakra con 10 mantras. El proceso entero te guía para transformar tu percepción del deseo desde sufrimiento humano a alegría espiritual. El Reiki Mahaananda se centra en el primer mantra*, ya que su consciencia es sincrónica con el reiki: ayuda a relajar la resistencia a la evolución. El proceso de iniciación de maestría de Reiki Mahaananda incluye este mantra.

El primer mantra de Kama Chakra te trae paz y compasión con tus deseos físicos, emocionales y mentales. El primer paso para tener la maestría sobre los deseos es dejar de resistirse a ellos, y de sentirse como una víctima por ellos.

"Om Dhim Klim Hrim
Shanti Karuna Kama"

Om	"om"	Sílaba universal
Dhim	"dim"	Sustancia física
Klim	"klim"	Deseos y sentimientos
Hrim	"jrim"	Purificación
Shanti	"shanti"	Paz
Karuna	"karuna"	Compasión
Kama	"kama"	Deseos

Recita un mala al día durante 41 días (o 45 minutos al día) mientras miras fijamente al Sri Yantra (mira a continuación), imaginándote dentro del útero de la Madre Divina. Haz integración emocional cada día después de tus mantras. Después de completar el proceso de carga, puedes recitar un mala cada luna llena (esto puede hacerse el día antes, el día exacto o el día después de la luna llena).

*Para obtener instrucciones sobre todo el proceso de Kama Chakra, comunícate con la organización ShaktiMa en info@shaktima.org.

El Sri Yantra de la Madre Divina

Sri Yantra ("Shri *yan*tra") significa Herramienta Suprema y representa el útero de la Madre Divina.

(Puedes encontrar la versión a color del Sri Yantra en www.desertlotusreikiandmeditation.com)

La Mirada Irrompible

¿Recuerdas escuchar cuando eras pequeño el experimento de matar a una hormiga con una lupa (o incluso haberlo hecho)? La luz del sol calienta a una hormiga, pero dirigirla a la hormiga con la lupa centra tanto el calor que crea una transformación poderosa: quema a la hormiga. Las técnicas siguientes fortalecerán tu enfoque, creando transformaciones más potentes en tu terapia (sin embargo, estas técnicas traen poderosos beneficios en vez de destrucción poderosa).

- La técnica Yeouan encarna tu alma
- Fijación calma tu ruido mental
- La Meditación de las Cinco Respiraciones te trae suavemente al momento presente

La técnica YEOUAN

La técnica YEOUAN "ieouán", una meditación cabalística, activa tus chakras y encarna alma y consciencia. Para la mayoría de nosotros, en nuestro estado normal no-meditativo, solo un 2% del alma reside en el cuerpo. Hasta un 10% del alma reside en los cuerpos de seres altamente evolucionados. Encarnar el alma significa traer más de tu alma a tu cuerpo; eleva tu consciencia y, por tanto, tu poder de terapia.

La práctica consiste en entonar cada una de las cinco vocales hebreas mientras contemplas un estado de ser y el chakra con el que resuena. Consulta al final de esta sección las pautas para cargar las vocales.

<u>Entonando y contemplando</u>

Para entonar una vocal, cántala en un tono constante durante 20 minutos, lo suficientemente alto para sentir la vibración en tu chakra. Continúa cada tono solo hasta que empieces a sentirte incómoda por la falta de aire, luego toma una respiración normal y continúa. Si no te encuentras sola, puedes hacerlo de manera silenciosa.

Todas las vocales se pronuncian igual que en español.

- I El significado de I es intención al nivel más elevado de pensamiento puro: sin apego, expectativa o juicio. Presta atención a tu chakra del 3er ojo, contempla el significado y entona.

- **E** El significado de E es sabiduría: lo que aprendemos como resultado de la experiencia. Presta atención a tu chakra de la garganta, contempla el significado y entona.

- **O** El significado de O es todo: desde tu propia autocontención al universo entero, en un estado de Unidad. Presta atención al chakra del corazón, contempla el significado y entona.

- **U** El significado de U es experiencia: existir y sentir. Presta atención a tu chakra del plexo solar, contempla el significado y entona.

- **A** El significado de A es presencia: estar aquí y ahora en consciencia. Presta atención a todo tu abdomen, contempla el significado y entona.

- **N,** pronunciado "nnnnn". Hazte consciente de la sensación física de tu cuerpo desde dentro. Presta atención a tu chakra base o a tu cuerpo entero. Esta consonante no se entona sola, sino con las vocales (consulta debajo). Esto trae cada uno de los estados de ser de las vocales a tu cuerpo físico como un estado de ser unificado.

<u>Cargando las vocales hebreas</u>

La encarnación de la consciencia de las vocales es un proceso de 10 días. Presta atención al chakra, contempla el significado y entona la vocal de la siguiente manera:

- Día 1: haz el proceso con "I" continuamente durante 20 minutos
- Día 2: haz el proceso con "E" continuamente durante 20 minutos
- Día 3: haz el proceso con "O" continuamente durante 20 minutos
- Día 4: haz el proceso con "U" continuamente durante 20 minutos
- Día 5: haz el proceso con "A" continuamente durante 20 minutos
- Día 6: entona todas las vocales una tras otra en una respiración, añadiendo una "N" alargada al final, continuamente durante 20 minutos. "I-E-O-U-A-Nnnnnnnn".
- Día 7: (igual que el día 6)
- Día 8: (igual que el día 6)
- Día 9: (igual que el día 6)
- Día 10: (igual que el día 6)

Meditación de Fijación

Fijación es mirar a un punto ("fijándolo" con tus ojos) sin realmente mirarlo, y manteniendo tu atención consciente en ese punto. El objetivo de la meditación de fijación es despejar tu mente de pensamientos a medida que permites una atención poderosa centrada en un solo punto. Vas a utilizar tres herramientas simples para desarrollar esta habilidad: sentarte, mirar y respirar.

Preparación

Encuentra el punto que quieres fijar. Debería estar directamente enfrente de ti, unos cuantos centímetros más abajo del nivel de los ojos. Por ejemplo, un punto en la alfombra si estás sentada en el suelo, o un punto en una pared blanca si estás sentada en una silla. Yo he usado un lunar de mi rodilla mientras estaba sentada con las piernas cruzadas. Puedes revisar la sección Qué es la meditación si quieres un recordatorio de cómo desapegarte de tus pensamientos. También puede ser útil hacer un poco de movimiento físico justo antes de tu meditación, como caminar, yoga o Tai Chi.

- Siéntate, y saca todo de tu sistema. Rasca lo que pique, frota tus ojos, estira tu cuerpo, bebe agua, suénate la nariz... respira profundamente varias veces y relaja conscientemente tus músculos.
- Mira, presta atención a tu punto y fíjalo con una mirada desenfocada. Los mejores resultados vienen de fijar tu punto mientras sigues consciente de ti mismo a la vez, estando consciente de que estás consciente de ti mismo. Haz lo posible para no prestarle atención a los pensamientos, ni a palabras ni a imágenes.
- Respira, presta atención a tu respiración para ayudarte a enfocarte en tu punto.

Experiencias de Fijación

Si tu experiencia es similar a la mía, al principio tus pensamientos te van a bombardear. Esto es normal, ya que tu mente está sacando la basura. Luego los pensamientos vendrán a oleadas. Puede que mis ojos salten alrededor de mi punto, negándose a asentarse en él. Si esto sucede, suavemente permite que tus pensamientos se disuelvan suavemente al fondo. Cada vez que te des cuenta de que estás pensando, tráete suavemente de vuelta. Y algunos días son simplemente mejores que otros, acéptalo.

Van a surgir emociones. Cuando mi práctica es difícil, siento vergüenza y la victimización de la auto-persecución en mi abdomen. Puedo pasar un buen rato de mi práctica de fijación haciendo integración de todo esto. Incluso si sientes que tu práctica no es exitosa porque tu mente no se asienta, tu tiempo está bien empleado. Porque permaneces en la práctica haciendo caso omiso de lo que preferirías estar haciendo, y porque integras tus emociones, así que estás teniendo maestría sobre tu ego. No te juzgues.

Con el tiempo se hará más común que la fijación te vaya bien y que tu mente esté relativamente callada. A veces lo que estoy mirando en la alfombra o en la pared parece moverse en lentas respiraciones u ondas, puede parecer el oleaje del océano, o moverse en espiral. También trasciendo, a veces conscientemente y a veces no (consulta de nuevo la exposición acerca de la trascendencia en la sección "Qué es la meditación").

Practicando fijación

Practica fijación con los ojos abiertos, sin utilizar ningún mantra, 5 días seguidos durante 20 minutos. Luego pasa a practicar durante 1 hora, durante 5 días seguidos.

La meditación de las Cinco Respiraciones

Esta meditación proviene del libro de Thich Nhat Hanh, "El Milagro de Mindfulness". Thich Nhat Hanh es un monje budista vietnamita y activista por la paz. Tanto Maha como este maestro Zen moderno fueron delegados en el Día de Vesak de las Naciones Unidas en 2008 en Hanoi, Vietnam, que abordó los aspectos espirituales, académicos, culturales y religiosos del budismo.

La meditación de las Cinco Respiraciones te ayuda a relajarte en el momento presente, en el aquí y el ahora. En el momento presente, puedes soltar tu miedo y preocupación acerca del futuro. Puedes soltar tu ira, tu dolor y tu arrepentimiento por el pasado. Tu estado natural es felicidad simple, y existir en el momento presente te permite relajarte en él. Dejas ir el drama del apego y la expectativa, en un estado puro que trae poder a la terapia.

La técnica implica una serie de cinco respiraciones, y vas a pensar un pensamiento en concreto con cada inspiración y exhalación. Respira suave y profundamente a través del proceso, excepto por cada 2ª respiración, donde inhalas vigorosamente, seguido por una exhalación suave. Cuando piensas "sonrío" durante la cuarta inhalación, ¡sonríe de verdad! (y fuérzate a ello si no te apetece). Haz lo posible para sentir las palabras que estás pensando, y presta atención a tu respiración durante todo el proceso.

Inhalación	Exhalación
Inhalo,	Exhalo
Profundamente,	Suavemente
Estoy tranquila,	Me relajo
Sonrío ☺,	Soy libre
Momento presente,	Momento maravilloso

Esta puede ser la meditación más fácil de este libro, y está bastante garantizado que te hará sentir ligera y feliz. Es sin duda una de las favoritas de mis alumnos principiantes de meditación.

Realiza esta técnica continuamente durante 20 minutos al día, durante nueve días seguidos.

Consciencia divina y universal del Chakra

Lao Xie dijo que la palabra universo significa Una Canción (uni-verso). "Universal" no es solo lo que existe en cada dirección, también es lo que existe a cada nivel de vibración.

En el Nivel I contemplaste el chakra como un centro sutil de energía vital que gira constantemente y que atrae energía vital universal dentro y a través del cuerpo, afectando a la salud física, emocional y mental. Fuiste más profundo en el Nivel II, contemplando que cada chakra es un órgano sensorial del alma que saborea la experiencia humana y proporciona lecciones evolutivas. Tanto la perspectiva humana como la del alma son percepciones locales (desde un punto de vista); ahora contemplaremos los chakras desde la perspectiva universal.

El giro o resonancia del chakra surge de la perfección y aparente dicotomía de existir como humano y divino a la vez. Al principio, Dios existía como Vacío, pero quería experimentar Amor. Como esta experiencia requiere interacción, Dios generó una gran fuerza de separación (también conocida científicamente como Big Bang) y se lanzó al mundo. Parte de este empuje creó almas, y cada una es completamente Dios, pero desde su propio punto de vista único. Esto es como gotas de lluvia cayendo de una nube. Y el alma/Dios se encarna en forma física y vive la experiencia humana, permitiendo que Dios tenga todas las experiencias posibles de Amor.

Dios desea estar encarnado en el mundo tangible (separación), y sin embargo el alma anhela la de nuevo la Unidad con Dios (amor). Desde las ondas de energía más sutiles hasta el nivel más elevado del cosmos, hay amor y separación. La interacción de estas fuerzas de atracción y separación divina resultan en consciencia girando sobre sí misma; este es el giro del chakra.

Cada chakra es una manifestación de la consciencia universal, y aunque esta consciencia puede parecer que existe localmente en un área del cuerpo humano, hay un chakra que existe en todas partes. Es la convección universal, o el VishwaChakra. Caer profundamente en la experiencia de solo uno de tus chakras es caer en la inmensidad del universo. Tal como es arriba, es abajo. El movimiento y la expansión de la consciencia suprema (desde el nivel más elevado del cosmos, al chakra, a la vibración más pequeña de ondas energéticas en un átomo) es la misma. La siguiente meditación guiada lleva tu atención a través de cada uno de los chakras, y luego a todos a la vez, hasta que finalmente sientes el VishwaChakra dentro de ti y en todas partes.

Meditación en el VishwaChakra

Respira, relájate y despeja tu mente. A medida que respiras, siente la respiración moverse a través de tu nariz, y observa el movimiento de tu abdomen. Pon tu atención dentro de tu cuerpo. Si tu mente se mueve, presta atención a tu respiración o haz algunas recitaciones del mantra de paz.

Presta atención a la sensación de energía vital en tu cuerpo entero. Puede que sientas una vibración sutil o calor.

Presta atención al chakra de la corona… cuando sientas la vibración del chi, permanece ahí un momento y experiméntalo…

Ahora, mueve tu atención al Tercer Ojo y permanece ahí…

Ahora, céntrate en la Puerta de Jade y siéntate ahí…

Ahora, hazte consciente de la Garganta…

Ahora, el Corazón…

Ahora, el Plexo Solar…

Ahora, el Dan-Tian…

Ahora, el chakra Sacro…

Ahora, el chakra Base…

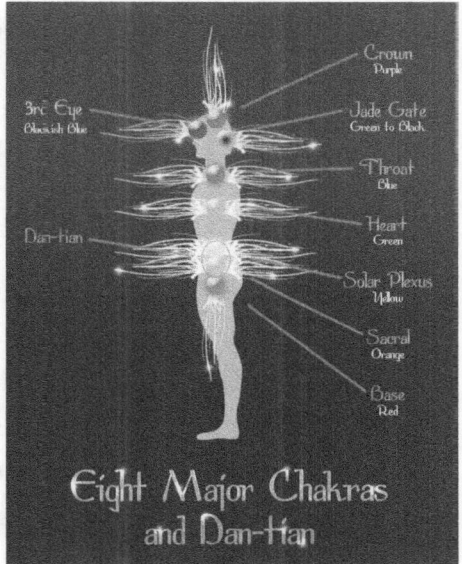

Regresa al Chakra Corazón, pon tu atención ahí y húndete en él…

Manteniendo tu atención en el Corazón, añade también tu consciencia de cada uno de los otros chakras, de uno en uno. Es una mirada desenfocada, sentirlos todos a la vez. Observa la Corona… añade el Tercer Ojo… y la Puerta de Jade… y la Garganta… y el Plexo Solar… y el Dan-Tian… y el Sacro… y la Base… La consciencia de la vibración se intensifica.

Estás experimentando todos los chakras a la vez, mientras vives en el Corazón. Lo que parece distinguir cada uno de ellos empieza a disiparse y disolverse. Solo hay un chakra en tu cuerpo, y el Cosmos se consume en este chakra. Libera la resistencia y profundiza en la resonancia de tu energía. Permítete caer en la inmensidad del universo… tu vibración es la vibración del cosmos.

Mantra Mahaananda

El mantra Mahaananda invoca la consciencia del terapeuta Mahaananda, es la Mirada del Alma. El mantra te trae a conocerte como divino (Mahaananda), alma (Aadyaatmika) y humano (Svabhaavaya), todo como una experiencia unificada. Entonces puedes estar consciente de vivir en estos tres mundos a la vez.

"Om Namah Mahaananda Aadyaatmika Svabhaavaya Hum"

Om	"om"	Sílaba universal
Namah	"namá"	Reconocer o estar en comunión con
Mahaananda	"majananda"	Gran bendición
Aadyaatmika	"adiatmica"	Uno espiritual (uno puro que utiliza el Ser)
Svabhaavaya	"sbababaya"	Creado de la Verdad (lo que es inherente a la naturaleza)
Hum	"jum"	Mantra bija de experiencia

- Mahaananda: tú eres parte de la expresión de Dios de Sí mismo en el mundo, lo cual es Bendición. Tú eres encarnación divina.
- Aadyaatmika: tu alma observa qué causa felicidad y sufrimiento al nivel de tu vida humana. El único resultado posible es la evolución.
- Svabhaavaya: vives la vida y sientes las reacciones de tu cuerpo físico a tus experiencias; felicidad y sufrimiento.

Siéntate en silencio durante 15 minutos, 3 días. Brevemente, contempla cada uno de esos tres conceptos como eso de lo que tú (y tus clientes) estás hecho. Pregúntate "¿quién soy?" y durante el resto de tu tiempo de meditación, suavemente presta atención dentro, sin buscar una respuesta. Esta meditación eleva tu percepción de ti mismo y, como efecto secundario, también te ayudará a hacerte más consciente de las energías y los efectos producidos por tu terapia de reiki.

Carga el mantra recitando 9 malas al día durante 12 días.

El estado de ser del Vajra

El Maestro Profesor encarna y comparte la consciencia del Vajra durante el ritual de iniciación.

La definición del diccionario de la palabra sánscrita "Vajra" es relámpago o diamante. Y debido a las propiedades inherentes al relámpago (fuerza irresistible e inasible) y al diamante (indestructibilidad), "Vajra" se utiliza para representar al alma en las oraciones hindúes y budistas. También se refiere al objeto ritual que usamos en meditación. Puedes encontrar un Vajra en una tienda budista o en Amazon.

Sigung enseñaba que el Vajra representa tanto a los Tres Centros (el hombre) como a los Tres Mundos (la relación del hombre con el universo). Un campo energético rodea a cada uno de tus tres centros; con el movimiento (Qigong) y la meditación pasiva, estos campos energéticos se expanden al campo unificado. Cuanto más crezca tu campo energético, mayor será tu potencial de transformación; de esta manera, tu terapia de reiki se hace más poderosa. En los Tres Mundos, Cielo y Tierra se encuentran en tu Chakra del Corazón o Dan-Tian. Una vez escuché a Lao Xie decir que tus manos hacen el trabajo de tu corazón; así que la energía fluye del cielo a la tierra y dentro de tu corazón, y luego hacia fuera a través de tus manos. También dijo que, si tratamos de aferrarnos a la energía que reunimos, nos enfermaremos: debemos dejar que fluya. Sigung enseñó que la iluminación es la habilidad de vivir en los Tres Mundos simultáneamente (el mismo concepto que en el mantra Mahaananda).

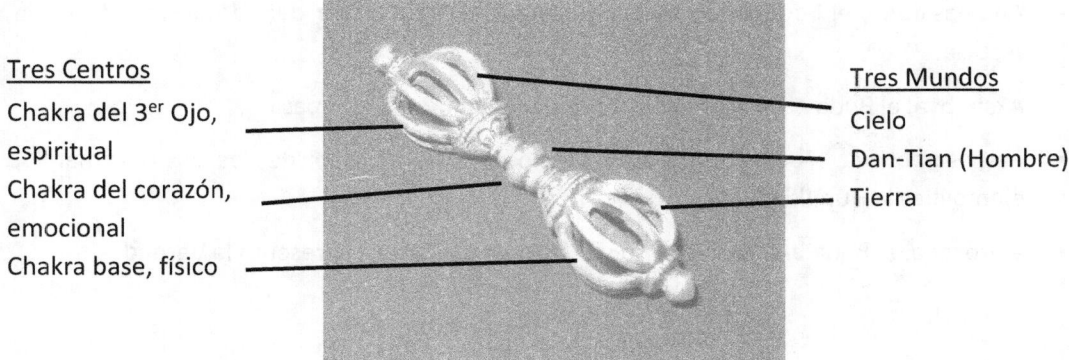

Tres Centros
Chakra del 3er Ojo, espiritual
Chakra del corazón, emocional
Chakra base, físico

Tres Mundos
Cielo
Dan-Tian (Hombre)
Tierra

En la naturaleza, una gran presión aplicada a la sustancia común de carbón crea un diamante. Maha enseña que la integración emocional y la práctica espiritual (la presión que te aplicas a ti mismo) creará la sabiduría de este estado de ser Vajra en tu interior.

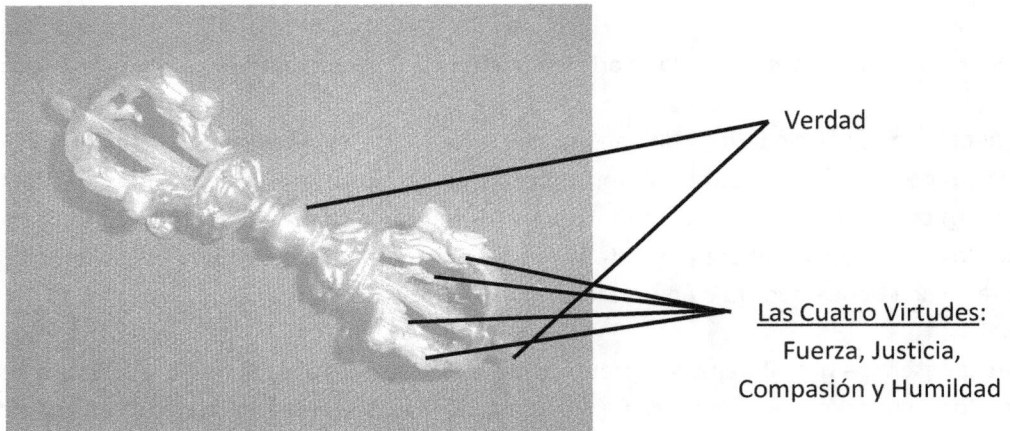

El Vajra

Verdad

Las Cuatro Virtudes: Fuerza, Justicia, Compasión y Humildad

El orbe, en el centro del Vajra, que también se extiende a través del Vajra entero, ejemplifica la virtud de la Verdad. Fluyendo de la Verdad está la consciencia en forma de dos lotos. Las cuatro puntas en cada extremo del Vajra representan las Cuatro Virtudes, que se originan de la consciencia; se unen como una, en Verdad, a cada punta del Vajra. Una vez que encarnas las Cuatro Virtudes, te vuelves Uno en Verdad.

Las Cuatro Virtudes y la Verdad representan la consciencia de los cinco Budas Dhyani:

- Amitabha, el Buda rojo de la Luz Infinita, simboliza la Fuerza.
- Amogasiddha, el Todopoderoso Conquistador verde o Señor del Karma, caracteriza la Justicia.
- Akshobya, el Buda azul inamovible y firme, personifica la Compasión.
- Ratnasambhava, Fuente de Cosas Preciosas o el Nacido de las Joyas, amarillo, ejemplifica la Humildad.
- Vairocana, el Buda blanco Supremo y Eterno, el Radiante, representa la Verdad.

Empoderando el Vajra

Empoderar al Vajra aumenta la consciencia de la Verdad en tu cuerpo, y también transforma tu Vajra en un elemento de poder (como Japa transforma un mala).

Sostén el Vajra en tu mano derecha como se muestra en la imagen. El pulgar representa la tierra, generación y protección. El dedo corazón representa la consciencia, estar consciente de que estás consciente de ti mismo, y el cielo: donde Dios existe sucede toda la evolución. El dedo anular representa a la Madre Divina, el aspecto femenino de Dios. Estos tres dedos tocan la Verdad.

Medita en cada Buda durante cinco días, quince minutos al día. Contempla solo un Buda cada vez, en el orden mencionado anteriormente. El proceso durará 25 días.

Yo hice esto sentándome en el suelo e imaginando a cada Buda sentado frente a mí. Por ejemplo, cuando contemplaba la virtud de la Fuerza, un Buda completamente rojo estaba frente a mí. Transmigré en el Buda y permití a mi percepción cambiar a la del Buda rojo. Desde el punto de vista del Buda, contemplé "¿qué es fuerza?". Y así con cada Buda.

- Fuerza se refiere a la fuerza para permanecer consciente, sin caer en la ira.
- Justicia se refiere al karma individual, y también a la equidad para todos desde un punto de vista global: el concepto de "justicia" que resulta de la comparación de la situación de uno con el otro se desvanece.
- La Compasión expresa el entendimiento completo del sufrimiento.
- La Humildad recuerda que todo el poder fluye de Dios.
- La Verdad expresa la sabiduría que nace de la experiencia consciente de los estados de ser colectivos de Fuerza, Justicia, Compasión y Humildad.

Maestría sobre la Compasión

El Sirviente Compasivo

Tú, como Maestro de Reiki Mahaananda, debes esforzarte por ser un maestro de la compasión. Lao Xie define la compasión como una acción hábil y apropiada; es dar incondicionalmente con el corazón abierto. Pero es dar lo necesario, lo que sea mejor para los demás y para nosotros.

En el proceso de explorar las enseñanzas de este libro, elevas tu propia consciencia y tomas consciencia de cómo afecta a tu cliente. Utilizas la eficacia de recitar mantras antes y durante el tratamiento para moverte a un estado de ser, el cual luego afecta a tu cliente. Como en el reiki tradicional, tu terapia es más poderosa cuando dejas ir el control, cuando dejas ir la expectativa y el apego al resultado. ¿Cómo sueltas tu deseo natural de "arreglar" el bienestar emocional o físico de tu cliente?

Empieza por ser consciente del funcionamiento natural del karma. Normalmente aceptamos que nuestras almas pongan a nuestra disposición ciertas experiencias para nosotros en esta vida para aprender las lecciones requeridas para la evolución espiritual. ¡Para los terapeutas, respetar este mismo karma (o voluntad de Dios) en los demás es mucho más difícil de aceptar! Contempla que una enfermedad es una experiencia evolutiva compartida por quien está enfermo y su pareja, sus hijos, padres, amigos, compañeros de trabajo, médicos y el terapeuta holístico de esta persona: es un flujo de consciencia.

A continuación, sé consciente de ti mismo. Querer arreglar a todo el mundo es un estado de ser del sirviente compasivo. Sí, pero el terapeuta aquí también puede tomar el papel del salvador frente al rol de víctima de sus clientes (consulta la sección de las 21 Máscaras del Ego). Si estás apegado al resultado del tratamiento de reiki, te sientes bien cuando la persona a la que has ayudado siente gratitud hacia ti (¡eres amado!), pero te decepcionas cuando el tratamiento no pareció ser efectivo (eres rechazado). Puede que también proyectes estos juicios en ti mismo, lo haga tu cliente o no, creando un círculo de salvador, auto-perseguidor y víctima. La solución es observarte constantemente e integrar cuando te des cuenta de ello; también practicar estar autocontenido para que el amor percibido de los demás (o la falta de él) no te afecte (consulta la sección siguiente de Swaasthya).

Como un verdadero sirviente compasivo, haz lo posible para confiar en que la experiencia de los demás es la voluntad de Dios para su evolución. Y luego, en un estado de compasión, realiza actos de amabilidad amorosa sin expectativa o apego al resultado. A continuación hay varias prácticas que te ayudarán a llegar a este estado de ser.

Swaasthya

Swaasthya ("suastia") es una meditación Siddhi de autocontención; te ayudará a tener la maestría sobre el "salvador" dentro de ti. El diccionario sánscrito define Swaasthya como autodependencia, autocontención, satisfacción y comodidad. Practica Swaasthya para romper tu esclavitud emocional al mundo exterior.

Dedica unos momentos a la contemplación. Tu único objetivo es estar dentro de ti contigo mismo. Bebe la nutrición y saborea la reclusión y la calma. Recuerda que eres la expresión de Dios en el mundo; por lo tanto, estás hecho de Amor. Todo el amor y comodidad que necesitas están aquí dentro de ti. Toma consciencia de la autosuficiencia, el amor propio, la satisfacción y la felicidad que encuentras al estar solo contigo mismo (si al principio no lo encuentras, oblígate a imaginarlo). Préstale atención, permítelo, familiarízate con eso, y siéntate en ese estado de ser. La resistencia de tu ego a la felicidad simple puede causar que emociones en desacuerdo surjan. Si esto sucede, haz tu integración emocional y luego vuelve a tu meditación.

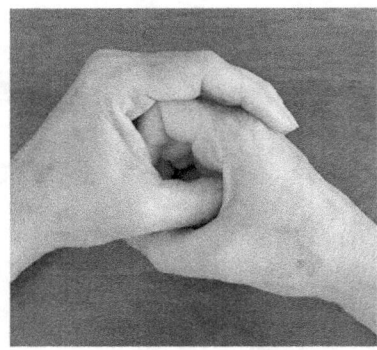

Utiliza el mudra (posición de las manos) de Swaasthya que parece el símbolo de yin-yang mientras meditas: pon la punta de tu pulgar izquierdo en el centro de tu palma derecha. Junta las puntas del pulgar derecho y del dedo anular derecho, envolviendo holgadamente tu mano derecha alrededor del pulgar izquierdo. Descansa los dedos de tu mano izquierda encima de la mano derecha.

El efecto de la meditación siddhi es como poner una bolsita de té en agua caliente: su sensación te impregnará suavemente. La técnica de esta meditación siddhi es la misma que usas con los dos primeros siddhis. Pon tus manos en el mudra. Empieza tu meditación respirando, prestando atención dentro, calmando la mente y observando que estás consciente de ti mismo. Suave y lentamente repite "Swaasthya", pensándolo luego en silencio mientras contemplas el significado. Después de unos minutos, deja ir la contemplación filosófica y permanece en un estado de consciencia mientras repites el mantra. Solo permanece disponible a descubrir sin hacer ninguna pregunta—una pregunta es demasiado activa. Regresa a la contemplación mental solo si te das cuenta de que tu mente está deambulando, y luego déjala ir de nuevo.

Haz esta meditación durante 20 minutos al día, por un periodo de 33 días. Luego puedes meditar en Swaasthya durante unos pocos minutos antes de dar tratamientos o iniciaciones.

Afirmación del Sirviente Compasivo

Esta afirmación te recuerda que la emoción es una expresión de tu experiencia humana, la cual rindes solo durante un momento para dar tu terapia al nivel del alma. La humildad reconoce que todo el poder fluye de Dios; no es tuyo, así que dejas ir el apego y la expectativa al resultado de tu terapia. Recita la afirmación de abajo y adopta este estado de ser antes de dar tratamientos o iniciaciones.

"Ofrezco mis emociones a la Consciencia Suprema. Que sea un sirviente humilde, para que mis acciones se lleven a cabo sin apego y sin expectativas. Mi mirada es amor, mis palabras son compasión y mis acciones son respetuosas."

El Mantra Favorable

El mantra favorable es más una bendición o hechizo astrológico que una oración, observa que no empieza por "Om". Utiliza este mantra para bendecir el camino de otros a quienes brindas tratamiento o iniciación. Hazlo sobre tu cliente al final de una sesión de terapia.

Aquí reconocemos la energía de los planetas ya que ejercen fuerzas naturales entre sí y se mueven perfectamente en el sistema solar. Y cuando se unen en ciertas configuraciones influencian nuestra experiencia humana (probablemente casi todo el mundo haya escuchado acerca de "Mercurio retrógrado"). Este mantra invoca la influencia de los planetas para ayudarte o ayudar a tu cliente a alcanzar vuestros objetivos.

"Sarvatha Kalyanam Mangala Bhavantu"

Sarvatha	"sarba*ta*"	Todo lo que es
Kalyanam	"kalia*nam*"	Eternidad
Mangala	"*mang*ala"	Favorable
Bhavantu	"ba*ban*tu"	Generado aquí y ahora

El significado general es "Que todo sea eternamente favorable empezando ahora mismo". El mantra solicita experiencias agradables desde el punto de vista humano, pero también invoca experiencias kármicas necesarias para la iluminación, de una manera que se siente positiva. Entonces, estamos pidiendo una experiencia unificada de mejores circunstancias humanas y de no resistencia a la lección del alma.

Carga este mantra con la fórmula de 9 x 12, sosteniendo tu palma izquierda abierta y hacia arriba para recibir energía de los planetas; esto impide que uses tu propia energía con la bendición.

Mientras das la bendición, sostén tu palma izquierda hacia los planetas, y pon tu mano derecha encima o sobre tu cliente donde mejor se sienta para ti. Yo normalmente la pongo sobre o frente al chakra del 3er Ojo o del Corazón. Haz esto en tu mente si crees que al cliente le puede molestar el proceso.

Madre Divina / VishwaShakti

Tan importante como tener compasión por los demás es tener compasión hacia ti mismo. Cuando practicas Reiki Mahaananda, enfrentas el sufrimiento con frecuencia. Con el tiempo no hallarás mucha diferencia entre tu propio sufrimiento y el sufrimiento de tus clientes; simplemente, hay sufrimiento. *Debes cuidar de ti mismo para aligerar el peso de esta experiencia; de lo contrario podrías poner en peligro tu salud física y emocional.* Ahora tienes muchas técnicas que te ayudarán a lograr esto, como practicar integración emocional, recitar mantras para ti mismo, la meditación pasiva y la contemplación. Y la Madre Divina, o Shakti, está ahí para ti.

Shakti, la energía femenina y el aspecto femenino de Dios, existe en todas partes (Vishwa). Ella es la sustancia del universo: todo está hecho de Shakti. Es el vientre del mundo, cuidando de la creación en todo momento y en cada detalle; y la creación incluye la consciencia unificada de *tu* experiencia universal humana, del alma y divina.

Shakti te apoya en tu evolución y en tu terapia. No provoca tu evolución, simplemente la apoya suavemente con amabilidad y un amor sin juicios e indulgente. Aunque su poder es lo suficientemente inmenso como para sostener al mundo, ella refresca, calma y nutre, y se siente como suavidad sutil. Te ayuda a suavizar tus apegos, lo cual te permite fluir más fácilmente de experiencia en experiencia, todo según la voluntad de Dios. Para descubrir esto, contempla los Cinco Elementos y la consciencia del agua, la cual representa a la Madre Divina.

María, la madre de Jesús, es una encarnación de la Madre Divina. Considera un significado universal en la frase de la oración del Ave María, "reza por nosotros pecadores, ahora y en la hora de nuestra muerte". "Pecadores" se refiere a nuestro estado de ser de sufrimiento, y "Muerte" se refiere a cada momento doloroso en el que obtenemos maestría sobre una emoción y evolucionamos: invocamos la consciencia de la Madre Divina al pasar de una experiencia a la siguiente.

Contempla esta enseñanza con el objetivo de rendirte al cuidado de Shakti y abrirte a recibir la Gracia que otorga.

Consciencia de Usui Sensei

Como mencioné en la sección de Linaje, Maha recibió la iniciación y la transmisión de sabiduría directamente de Usui Sensei a través de comunión al nivel del alma. Esta poderosa y hermosa experiencia en la consciencia de Usui Sensei puede entenderse solo cuando has llegado lejos en el camino Mahaananda. Será compartida como parte de tu iniciación de Maestro Profesor de Reiki Mahaananda si eliges recibir ese entrenamiento.

Reiki Nivel de Maestría

Cuarto Símbolo de Reiki—Dai Ko Myo

(Pronunciado "dai-ko-mió")

La mayoría de los reikistas interpretan la Radiación de la Gran Luz como la capacidad de que la luz brille a través de ti, sin embargo, el significado más profundo hace referencia a tu propia naturaleza iluminada que irradia a los demás. Una vez que el espíritu (Rei 霊) obtiene la maestría sobre la mente o la naturaleza interna (Ki 気), se alcanza la iluminación.

Kanji (*información solo para la interpretación—usa los símbolos de arriba para la iniciación*):

Dai: 大 Gran

Ko: 光 Luz

Myo: 明 Radiación

Este cuarto símbolo se estiliza, sobre todo el ultimo kanji.

Aplicaciones prácticas de Dai Ko Myo

Dai Ko Myo es el Símbolo Maestro: los significados comunes son Maestría, Empoderamiento, o El del Corazón de Dar Mahayana (de Lao Xie). El Budismo Mahayana, que significa el Gran Vehículo, es una práctica espiritual realizada con la intención de ayudarte tanto a ti como a los demás.

El Maestro Profesor de Reiki utiliza Dai Ko Myo para iniciar a los Maestros de Reiki.

Técnicas adicionales

Sigung enseñaba las siguientes técnicas, la mayoría de las cuales incorporan conceptos de las artes marciales. En el nivel de maestría, eres libre de usar lo que te gusta y con lo que tengas experiencia personal (como los cristales).

Desbloqueando Chakras Difíciles

<u>Palmadita</u>   Da una palmada ligera sobre el chakra (tocando suavemente el cuerpo excepto en el chakra base) con tus dedos índice y corazón (el mudra de hechizo de la espada descrito en la enseñanza de Empoderamiento de símbolos) para abrir este chakra con vibración adicional.

<u>Palma vibrante</u>   Con tu mano derecha a unos pocos centímetros del cuerpo de tu cliente, con la palma hacia el chakra y los dedos ligeramente separados y relajados, vibra la palma de tu mano para crear una emanación más poderosa de chi. Perfecciona la técnica de esta manera antes de utilizarla: con la palma hacia abajo, gira la palma con el movimiento usado comúnmente para indicar "más o menos". En mi ciudad de nacimiento, lo decimos también en español. Practica hasta que lo puedas hacer rápido y con muy poco movimiento; podrías visualizar tu mano en una taladradora. Pruébalo en ti dando reiki sin contacto en tu 3er Ojo con tu mano derecha; luego empieza a usar la palma vibrante para experimentar la diferencia.

<u>Extracción</u>   Tira del bloqueo con tu mano izquierda (como una mala hierba), y corta las "raíces" con tu mano derecha en el mudra de hechizo de la espada. Pon el bloqueo en la tierra para que se purifique. A veces utilizo un movimiento circular de sentido antihorario con mi mano de escaneo para extraer el bloqueo primero.

<u>Aflojamiento</u>   Puede que parezca que hay energía estancada bloqueando el chakra. Utiliza Raku con tu mano en el mudra de hechizo de la espada para "sacudir" y soltar el apego al bloqueo. Raku es un rayo (un poderoso símbolo, no del reiki) que se encuentra en la enseñanza acerca del Empoderamiento de símbolos. También puedes utilizar el mudra de la espada para imitar en corte de espada para cortar la energía estancada.

Otras técnicas

<u>Qigong de la palma de hierro</u>   Escanea el cuerpo de tu cliente, empezando con ambas manos en el chakra del corazón y separándolas: una mano hacia la Corona, la otra hacia la Base. Estás buscando perturbaciones que identifiquen la fuente del dolor. Esto puede sentirse como ondas

de agua cuando una piedrecilla cae en un lago. Ahora mantén tus manos una al lado de la otra sobre el área con el chi afectado. Tu mano izquierda permanece a la misma altura, pero tu mano derecha se mueve arriba y abajo, con la muñeca guiando el movimiento como si fue un pincel pintando una pared. Haz esto hasta que ya no sientas el bloqueo a través de la mano derecha. Tu mano derecha transmite energía de reiki limpiadora mientras que tu mano izquierda recibe la energía negativa que es desalojada. Para acabar, baja tu mano izquierda hacia el suelo y libera la energía negativa hacia la tierra para que se purifique.

Añadiendo intención   Después de que hayas escaneado el cuerpo e identificado un chakra que necesita tratamiento, pon ambas manos sobre el chakra y siente y di para ti misma "físico", luego "emocional", luego "químico", luego "espiritual". Si alguna de esas expresiones crea una respuesta energética en el chakra, añade la siguiente intención a tu tratamiento: para "físico" añade "relaja"; para "emocional" añade "libera"; para "químico" añade "equilibra" o "purifica"; y si es "espiritual" añade "asciende". Este ejemplo da por sentado que utilizaste tus palmas para escanear e identificar el chakra que necesita tratamiento. Puedes hacer esto con cualquier método de escaneado, como un péndulo: identifica el chakra desequilibrado con el péndulo, luego utiliza el péndulo en el chakra mientras haces la pregunta "físico, emocional, químico o espiritual". Esto también funciona bien con el testeo muscular.

Maestros Ascendidos   Algunas personas son conscientes de una presencia o sentimiento de otros seres atendiendo durante una sesión de terapia, y se les llama comúnmente "Maestros Ascendidos". Experimentes o no esta consciencia, puedes solicitar humildemente su asistencia. Humildad no quiere decir sentirse pequeño o insignificante, es el sentimiento de que eres una herramienta a través de la cual fluye la voluntad de Dios. Al igual que Dios te lleva a encontrar a tus maestros, tú a tu vez utilizarás su consciencia como una herramienta también. Yo con frecuencia siento la presencia de Usui Sensei, Sigung, Maha y Lao Xie—algunos están ascendidos, otros no. Si no les siento, no dudo en preguntar por ellos. Siempre pido también asistencia de Jesús y de la Madre Divina.

En mi experiencia, la asistencia viene en distintas formas: el sentimiento de una consciencia poderosa; un entendimiento intuitivo del estado de ser emocional; intuición para la posición de las manos; un flujo de energía aumentado en un chakra débil; y experiencia tanto por mí como por mi cliente de que hay más personas en la habitación, o más manos en su cuerpo que solamente las mías. Asegúrate de sentir gratitud junto a tu humildad.

Conclusión

Esta práctica ha bendecido profundamente mi evolución espiritual y realzado mis habilidades terapéuticas. La sabiduría solo te vendrá a través de la experiencia; deseo sinceramente que cada uno de ustedes pueda sentir las bendiciones de mis maestros en esta enseñanza y que elijan experimentarla por ustedes mismos.

Si deseas instrucciones personales acerca de las técnicas espirituales incluidas en este libro, por favor contáctame en sukhi@desertlotusreikiandmeditation.com, o contacta a la organización ShaktiMa en info@shaktima.org.

Referencias

"Broaden your perception" de Simon Lacouline, F.Lepine Publishing, 2009

"El Mundo Esotérico de los Chakras" de SukhiDevi, F.Lepine Publishing, 2013

"Kuji-In Avanzado" de Maha Vajra, F.Lepine Publishing, 2006

"Kuji-Kiri y Majutsu" de MahaVajra, F.Lepine Publishing, 2008

Las enseñanzas orales de MahaVajra

Las enseñanzas orales de Sigung Hasting Albo

Las enseñanzas orales de Lao Xie Christopher Lee Matsuo

www.ingramcontent.com/pod-product-compliance
Lightning Source LLC
Chambersburg PA
CBHW082121230426
43671CB00015B/2767